KB104450

근본파와 현실파 넘어서기

그린풋 03
생태민주주의시리즈

Beyond the
Conflict between
Fundamentalist and
Realist in Ecological
Movements

근본파와
현실파
넘어서기

새로운 녹색 운동을 위하여

신승철·정유진·최소연 지음

알렙

들어가는 글

생존 위기와 생계 위기

기후위기라는 환경 문제 앞에서 탄소 중립은 꼭 이뤄야 하는 목표이고, (……) 그 사실을 그 누구보다 잘 알고 있는 사람들이 우리 발전소 노동자들이다. (……) 그래서 석탄화력발전소 폐쇄 또한 충분히 이해하며 동의한다. 그러나 그것은 환경 문제를 생각하는 시민의 입장에서 그렇다는 것이고, 노동자로서 개인의 생존은 또 다른 차원의 문제다. 석탄화력발전소가 폐쇄되면 그곳에서 일하던 노동자들의 일터 또한 사라지기 때문이다. (……) '정의로운 전환(Just Transition)'이란 말이 있다. (……) 그러나 지금 내가 마주하고 있는 현실은 다르다. 석탄화력발전소 노동자들은 대책 없이 남겨지거나 사라질 위기에 처해 있다.

2023년 8월 20일 자《한겨레》에 실린 칼럼「기후위기 뒤엔, 노동자 위기 있다」의 내용 일부다. 칼럼을 기고한 태안화력발전소 청년 노동자 김영훈 씨는 열악한 노동 환경 속에서 산업재해 사고로 2018년에 사망한 고(故) 김용균 씨의 동료로, '한국서부발전 태안화력발전소' 하청업체에서 1년 단위의 쪼개기 계약을 하면서 7년간 근무 중이라고 자신을 소개했다. 기후위기 상황과 그에 뒤이어 자신이 처할 생계 위기가 불러일으키는 이중적인 감정을 담담한 어조로 표현한 그의 칼럼을 읽으며 '탈탄소 탈성장'의 외침에 대해, 그리고 그 방향과 속도가 어떤 형태가 되어야 할지 깊이 고민하게 된다.

뜨겁게 끓고 있는 지구와 그로 인해 세계 곳곳에서 확인되는 유례없는 한파, 폭우, 장기간의 산불, 해수면 상승 등의 '이상기후' 및 그 후속 현상이 말해주는 것은 탄소 감축과 탈탄소가 더 이상 미룰 수 없는 인류의 당면 과제이자 지구 거주자들의 생존을 위한 최소한의 조치라는 점일 것이다. 대다수의 사람들이 생태적 위기를 타개하고자 '탄소 중립'이라는 단어를 이념적으로 외칠 때, 무수히 많은 탄소와 유해 물질을 내뿜는 산업체들 안에는 자본주의 모순에 더해 또 다른 형태의 모순에 직면하는 여러 형태의 노동자들이 있다.

고용주들이 요구하는 더 높은 강도의 노동생산성에 맞출

수록 실질임금은 하락하는 역설적 상황은 시초축적 이래로 자본주의의 일반적 조건이 야기하는 이미 익숙한 풍경일 것이다. 여기에 기후위기가 급습하면서 노동자들은 점점 더 곤란한 노동 조건과 맞닥뜨리게 되었다. 극심한 이상기후 속에서 노동자들의 안전은 더 취약해진다. 태양열에 노출되는 빈도가 높은 노동자들은 평균 기온이 상승하는 상황에서 점점 더 악화되는 노동 조건을 견뎌내야 한다.

이뿐만이 아니다. 노동자들이 열악한 노동 조건을 개선하고자 기후위기에 대한 대책 수립을 요구한다면 그들에게는 생계와 노동의 위기가 부메랑이 되어 돌아온다. 앞서 언급한 발전소 노동자를 비롯해, 내연기관 자동차를 생산하는 노동자, 광산 노동자, 물류 운송 노동자 등 무수한 형태의 노동자들이 일자리를 걱정할 수밖에 없다. 이미 수년간 숙련해 온 기술을 버리고 새롭게 등장하는 노동 도구, 기술, 변화하는 산업 구조에 신속히 적응하는 문제가 오로지 노동자 개인의 책임으로 전가될 수도 있다. 하물며 이미 국회에서는 탄소 중립을 목표로 한 재생에너지로의 전환과 일자리 축소에 대비하는 법(산업전환에 따른 고용안정 지원 등에 관한 법률)이 시행 예고되었지만, 법의 당사자라고 할 수 있는 노동자의 의견 수렴 절차는 쏙 빠진채로 개정되었다. 그런 상황 속에서 노동자들은 기후변화 속

생존 위기보다 앞으로 초래될 당장의 먹고사는 문제, 생계 위기 해소가 더 절실하다고 판단할 수 있다.

물론 김영훈 씨와 동료들은 '정의로운 에너지 전환을 위한 태안화력발전소 노동자 모임'을 꾸림으로써 기후위기에 대한 대안적 움직임에 동참한다는 의지를 피력했다. 화석연료를 사용하는 발전소들의 폐지는 앞으로 꾸준히 진행되어야 하기에, 그의 말대로 탄소 중립 과정에서 '정의로운 전환'이 이뤄질 수 있도록 하는 것은 중요하다. 생태 위기에 대응하는 산업 전환 자체를 원천적으로 거부하는 것이 아니라면, 대부분의 노동자들 역시도 탄소 중립의 필요성을 인식하고 그에 따른 변화를 수용하는 방향으로 나아가게 될 것이다.

그러나 탄소 중립을 이뤄내기 위한 사회 전반의 대대적인 개혁과 일자리를 보존하면서 산업적 전환을 이뤄내려는 노력이 같은 속도와 방향으로 진행될 수 있을까? 녹색의 목소리들이 탈탄소화의 속도를 높이고자 할 때, 적색의 목소리들은 그에 호응하여 적절한 속도로 전환을 이뤄낼 수 있을까? 생존을 위협하는 기후위기에 대한 대응과 생계를 위협하는 노동 위기에 대한 대응은 같은 속도로 발맞춰 전환을 함께 이뤄낼 수 있을까? 김영훈 씨가 느낀 모순과 고민은 당사자를 넘어 사회 곳곳에서 점점 더 첨예한 형태로 나타나게 될 것이다.

현실주의적 환경주의와 근본주의적 생태주의

심지어 전환의 과정이 마냥 순탄하리라는 보장도 없다. 기후위기가 날로 심각해지는 것에 반해, 여전히 기존의 사회 체계를 공고하게 유지하기를 원하는 세력도 굳건하기 때문이다. 탄소 중립 자체에 반대하면서 기후위기에 대한 어떠한 경고도 수용하지 않으려는 세력들, 사회의 핵심 의제를 늘 경제 성장으로 환원하고자 하는 정치 및 경제의 관료들, 핵발전소만이 석탄화력발전소를 대체할 수 있다고 말하면서 사회 전체를 파국적 위험으로 끌고 가는 핵 마피아들, 사회 전체가 이용할 수 있는 전력(電力)의 대부분을 독점하면서도 그것을 가장 저렴한 형태로 유지하고자 하는 산업 자본가들, 탈탄소 사회로의 전환에서 발생하는 모든 고통을 노동자에게 고스란히 전가하는 기업의 경영진 등 넘어서야 할 기성 권력의 저항 또한 만만치 않다. 이들에 맞서 우리는 생존 위기와 생계 위기 간의 호흡을 잘 맞출 수 있을까?

생태 운동 전선에는 이러한 거대 세력에 맞서 직면하고 있는 문제의 근본적 해결과 즉각적 대전환을 추구하는 '근본파'와 기성 정치와 타협하며 점진적으로 변화를 추진해 나아가려는 '현실파'로 양분되는 구도가 자주 나타나고는 했다. 현실파가 현실 정치의 장에서 정당 간 연합을 통해 정책적으로 실행 가능한 대안을 직접 관철하고자 한다면, 반대로 근본파는 독립적인 정파를 추구하거나 혹은 현실 정치에의 개입이 과연 유효한가에 대해서 의문을 제기한다.

시급한 녹색 의제를 현실 정치 안에서 정책적으로 관철시키겠다는 현실파의 의지는 실질적인 정책적 변화을 야기할지 모른다. 그러나 한편으로는 섣부른 적녹연정으로 기성 정당의 득표율 제고를 위한 들러리 역할에 머무는 데 그치는 위험도 있다. 또 생태운동에서 중시해온 여러 정치적 목표——풀뿌리 민주주의, 개인주의적 권리담론에서 벗어나는 생명중심주의, 비인간 존재와의 공생공락, 플랜테이션 체제에서 소농 중심의 농업으로의 재편, 탈성장 전환 사회 등——는 구석으로 밀려난 채 현실정치의 여러 현안들에 휩쓸리기 쉬울 수 있다.

반대로 풀뿌리 민주주의에 기반해 여러 생태주의적 목소리를 내면서 사회를 근본적으로 변화시키겠다는 근본파의 의지는 가까운 동료들이나 소수의 주변 시민들에게만 전해질 뿐, 목표로 삼은 대대적인 변혁과 전환의 기획을 전체 사회 안에서 조금도 현실화하지 못한 채 공허한 독백으로만 남아버릴 수 있다.

이처럼 일장일단을 가진 두 분파, 근본파(근본주의적 생태주의)

와 현실파(현실주의적 환경주의)의 논쟁은 이미 1980년대 독일과 프랑스의 녹색당 내부에서 대두된 바 있다. 시기별, 지역별로 논쟁이 되는 구체적인 세부 내용에는 차이가 있을 수 있지만, 지난 40여 년 동안 전 세계 곳곳에서 녹색 정치는 이러한 막다른 골목에서 배타적인 양자택일적 선택지로 갈라져 그 이상으로 나아갈 방향을 잡지 못한 채 정체되어 있는 상황이다.

그러나 어떠한 형태로든 전환을 실천할 구체적인 사람들—전 지구인은 물론이고, 한 국가 내에서 살아가는 주민, 시민, 민중, 국민들—에게 직접적인 영향력을 행사하지 못하는 한 근본주의적 생태주의의 이상과 목표는 늘 그 실효성이 의문에 붙여질 것이다. 우리의 문제의식은 바로 여기에서 시작되었다. 양쪽 어느 한쪽에 온전히 기댈 수 없는 한계 상황에서 우리는 생태주의 정치가 어떤 것이어야 하고, 생태민주주의는 어떤 방식으로 실현될 수 있는가를 고민하고자 했다.

정의로운 전환을 위한 다채로운 연대의 목소리

한국 사회에서 생태 운동은 오랜 시간 존재해 왔지만, 지금처럼 그 열기가 뜨거웠던 적은 없을 것이다. 그만큼 기후위기에 대한 절박함에 공감하는 이들이 많아졌다는 뜻이기도 하다. 글로벌 기후 파업의 영향을 받아 국내에서 이뤄지고 있는 '기후정의행진'을 잠시 들여다보자. 2022년 9월, 코로나 팬데믹 규제 완화로 대규모 집회가 가능해지자 서울 시청과 숭례문 사이의 대로에서 '924 기후정의행진'이 개최되었다.

처음 집회 장소에 도착했을 때 가장 놀란 것은, 남녀노소, 세대, 인종을 불문한 수많은 사람들이 거리로 나왔다는 점이었다. 기후위기가 자아내는 여러 징후들로 인해 공포와 절망, 슬픔과 우울이 개개인들의 마음을 짓누르고 있던 때임에도, 아이러니하게 다양한 사람들이 어우러진 집회는 문화예술 축제의 현장처럼 밝고 기운찬 모습으로 펼쳐졌다. 의심할 여지 없이, 그러한 긍정적인 기운은 앞으로 지난하게 펼쳐질 기후 운동에서 가장 결정적인 동력이 될 것이다. 우리는 이 현장 속에서 생태 정치가 열어낼 미래의 한 단면을 확인할 수 있었다. 집회 현장에서 나타난 '다양한 어우러짐'은 생태민주주의의 가장 현실적이고 구체적인 대안의 형상일 것이다.

'924 기후정의행진'에 모인 단체들의 다양성은 지난 수년간 한국에서 일어났던 여러 촛불시위를 떠올리게 했는데, 생태 운동 혹은 동물권 운동 단체는 말할 것도 없거니와 노동조합부터 여성, 장애인, 농민, 퀴어, 청소년, 각종 종교 단체 등이 모두 한 자리에 모여 자신의 고유한 색깔을 드러냈기 때문이다. 각자가 지향하는 주요 의제가 천차만별일 수밖에 없는 단체들이 '기후정의'라는 하나의 목표를 위해 모였다. 이 수많은 단체들이 일시적이나마 광장에 모여 지구와 뭇 생명들을 위한 목소리를 내는 것은 앞으로 이어질 무수히 많은 연대와 실천들의 신호탄이 될 것이다. 연대의 의사와 실천의 의지가 확인된 그 순간부터 행동은 과감하고 적극적인 양상으로 나아가야 할 것이며, 이 과정에서는 여러 가지 형태의 민주적 협의가 필요하다.

그런데 이렇게나 다양한 단체들이 한데 모여 실질적인 논의를 시작하게 되면, 매 순간 현실적인 특정한 문제들이 촉발되어 나올 것이 분명하다. 현실 정치의 영역 밖이라 하더라도, 근본파·현실파의 갈등은 여러 형태로 나타날 것이다. 동물권 운동으로 하나의 예를 들어보면, 여기에는 동물의 삶을 일체 소비하지 않고, 동물의 권리를 보장하자는 근본주의적 '동물 해방'과 이상적이지는 않더라도 합리적이고 실천적인 전략을 지향하며 동물에 대한 폭력을 개선해 나가자고 주장하는 현실주의적 '동물 복지'의 차원이 있다. 양쪽 모두 동물을 비롯한 생명 존중과 종차별주의 철폐라는 문제 의식에서 시작하더라도, 속도와 방향에 따라 엄연히 다른 길을 걷고 있다. 여러 의제가 충돌했을 때 갈등은 불가피할 것이다. 이처럼 근본적이고 대대적인 변혁으로 갈 것이냐, 현실적으로 차근차근 점진하며 변화를 일으킬 것이냐에 대한 문제는 우리가 앞으로 걸어야 할 생태 운동의 동력을 약화시킬 수도 있다.

그렇다면 양분화된 근본파·현실파 문제를 뛰어넘어 '새로운 녹색 운동'을 도모할 수는 없을까? 우리는 이렇게 다양한 사회 의제를 가진 개개인이 광장에 나온 지금 이 순간이 위와 같은 질문을 던질 적기라고 본다.

근본파와 현실파 넘어서기

우리의 책 『근본파와 현실파 넘어서기: 새로운 녹색 운동을 위하여』는 바로 이러한 문제에 접근하기 위해 쓰여진 책이다. 과연 어떤 방식으로 새로운 녹색 운동이 가능할지를 고민하며, 프랑스 철학자 펠릭스 가타리의 생태 철학을 살펴보았다. 가타리는 몸소 근본파와 현실파 사이에서 살았던 경계인이자 활동가이자 이론가였다. 그는 "좌도 우도 아닌 녹색이라는 근본파"의 입장을 견지하는 녹색당 활동가로 있으면서도, 다른 한편으로는 "녹색당과 사회당의 연정을 주장하는 현실파"의 입장을 지닌 생태세대에도 이중 가입해 활동하는 행보를 보였다. 그 과정에서 근본파와 현실파 갈등을 실제로 마주하며, 가타리는 그것을 뛰어넘는 새로운 전환으로서 '윤리-미학적 패러다임'[1]을 제언한다.

이 책에서는 본격적으로 가타리가 제안하는 '새로운 녹색 운동'이 무엇인지 살피기 전에, 녹색 운동의 핵심어라고 할 수 있는 '자연'의 개념 그리고 그에 따른 논의부터 살펴본다. 자연을 어떻게 개념화하는가의 문제가, 근본주의냐 현실주의냐로 대립하는 것보다 훨씬 선행하는 문제였기 때문이다. 예컨대, 많은 생태주의자들은 종종 '자연에서 배우자', '산처럼 생각하자', '흙으로 돌아가자'와 같이 자연 속에서 어떤 윤리 및 가치를 도출해 내고자 했다. 이때의 자연은 인간의 '인간다움'을 미리 규정하는 힘으로서, 따라서 인간보다 선행하는 자연성의 힘을 강조하는 방식으로 생태주의에 활용되었다. 하지만 이렇게 지시된 '자연'의 이미지는 여성 운동이나 퀴어 운동을 생태 운동과 결합하는 데 일정한 제약을 가한다. 여성에게는 임신과 출산(그리고 육아)이 여성의 자연성이자 원초적 숙명으로 부과되

---

1 윤리-미학적 패러다임으로의 전환은 개인 및 계급, 모든 사회를 고정된 것으로 한정하여 수용함으로써 오히려 변혁을 저해하는 근대적 '주체' 사상에서 벗어나, 모든 개인에게 내재된 창조성을 강조하고 각 개인이 주체성을 생산하고 새로운 배치의 판을 짜고 있음을 인지하게 하는 존재론으로 나아가는 것이라 할 수 있다. 이 책의 3장과 5장에서 더 자세한 논의가 이어진다.

었고, 일부 여성 운동가들에게 '자연' 개념에 대한 엄청난 반발을 불러일으키는 문제적 개념으로 작동했다. 그렇기에 그러한 '자연' 개념을 유지하는 한에서, 여성주의는 생태주의의 자연을 싸워서 극복해야 할 대상으로 이해해 왔고, 기성의 생태주의를 낡은 가부장주의를 반복하는 보수적인 관점으로 바라보았다.

그러므로 1장 「자연주의는 생태주의가 아니다」에서 정유진은 고대에서 현대에 이르는 여러 시기 속에서 자연 개념이 역사적으로 어떻게 변화되고 재조정되었는지에 대해 밝힘으로써 자연에 대한 개념의 차이가 야기한 생태 운동과 여성·퀴어 운동의 대립 구도를 재편한다. 이와 더불어 생태주의 내에 팽배한 '자연을 어떠한 변경도 불가능한 근본적인 실체로 바라보는 태도'에 대해 경계하면서 자연을 생명체들의 자기 구성 활동, 더 정확히는 '공동 생산 활동'＝'공산'으로 바라볼 수 있는 관점을 검토하고자 했다. 각각의 자연 개념이 가진 특성과 자연을 둘러싼 여러 지배적 권력의 형태는 최근 부상 중인 여러 현대 철학적 경향(브루노 라투르의 '행위자연결망 이론', 도나 해러웨이의 '공산과 공생의 이론', 티머시 모턴의 '생태주의적 객체지향 존재론', 폴 프레시아도의 '횡단 신체성과 대항성(countersexual)의 관점' 등)을 참고해 분석하고자 했다. 나아가 그러한 분석을 통해 일부 생태 담론이 배제했던 비인간 존재들의 행위 가능성에 주목하고 '자연을 탈자연화'하면서 '재구성'할 수 있는 새로운 시야를 제공하고자 했다.

'구성적 자연'에 대한 논의는 근본파와 현실파를 뛰어 넘어 새로운 녹색 운동의 단초를 제공하는데, 이를 통해 2장 「근본파와 현실파의 논쟁」에서는 'n분절의 생태주의', '스펙트럼으로서의 생태주의', '과정형적이고 재특이화 과정으로서의 생태주의'라는 대안을 재고한다. 물론 그에 앞서 본격적으로 근본주의적 관점과 현실주의적 관점의 대립을 짚어보고자 했다. 신승철은 독일 녹색당이 처음 창당했을 때 당시에 겪은 근본파와 현실파의 대립 양상뿐 아니라 생태주의 이론을 주창한 학자들, 이를테면 아르네 네스의 심층생태주의와 대비되는 머레이 북친의 사회생태주의 등 생태주의를 둘러싼 여러 이항 대립적 설정이 갖는 문제점과 한계에 대해서 살펴보고자 했다. 나아가 이러한 구분법보다 환경 위기에 대응하는 두 가지 길은 생태민주주의, 그리고 그걸 실천하는 데 있어 가장 경계해야 할 에코파시즘 두 가지 길이 있을 뿐이라는 것을 밝히고자 했다. 그러므로 가타리가 근본파와 현실파를, 근본생태주의와 사회생태주의를 넘나들며 지도 제작 방식의 생태주의 운동을 제언한 것처럼, 생태주의의 여러 흐름이 이분화되기보다는 n분화되고 있다는 점을 긍정한다. 이를 토대로 현재 생태주의 운동 내에서 서로가 서로를 보완하는 형태로 나타나고 있는 '임박한 위기파', '모두의 책임파', '기후정의파', '체제 전환파'의 배치 구도를 정리해 보고자 했다.

가타리는 생태주의의 새로운 흐름을 지도 그리는 것을 강조했지만, 한편으로 자신이 쓴 『세 가지 생태학』(1989)에서는 당대의 생태주의 운동을 크게 세 가지 구도로 나눠 분석했다. '마음생태와 근본생태주의', '자연생태와 환경관리주의', '사회생태와 사회생태주의'가 바로 그것이다. 이에 대해 살펴보기 전에 3장 「근본파와 현실파를 넘어서는 펠릭스 가타리의 윤리-미학적 패러다임」에서는 동시대 미술 작품을 통과하며 세 가지 구도를 전부 아우르는 차원에서 주창된 '윤리-미학적 패러다임'이 무엇인지 우선적으로 살펴보고자 했다. 가타리는 n분화된 생태주의를 말했지만, 그가 새로운 생태민주주의 실현을 위해 무엇보다 중요하게 여긴 것은 각 차원을 이해하거나 구분 짓는 데 그치는 게 아니라 이를 넘나들면서 각각의 패러다임을 전환하는 것이었기 때문이다.

가타리는 『세 가지 생태학』 이후 출간한 『카오스모제』(1992)에서 윤리-미학적 패러다임으로의 전환을 통해, 마치 예술의 방식처럼 돌연변이적 좌표를 발명하고, 예측 불가한 존재의 특질들을 만들어낼 수 있는 능력이 우리에게 내재되어 있으며, 또 그것을 인지하고 실천해야 함을 역설한다. 그런데 '윤리-미학적 패러다임'으로의 전환이라는 다소 모호한 개념을 처음 마주하면, 예술이 어떻게 새로운 생태 운동의 단초가 될 수 있는가부터 시작해, 왜 윤리-미학인가, 예술 및 모든 창조의 과정이 어떻게 윤리적이 될 수 있는가 등의 질문을 던지기 마련이다. 최소연은 이러한 질문에 대한 답을 차근차근 찾아가며, 가타리의 제언이 결코 형이상학적이거나 관념적이지 않고 실천 가능함을 논증하고자 했다. 이를 위해 실제 예술 작품, 그리고 이를 마주하는 관람객의 신체와 정동 등을 아울러 분석하며 '예술의 방식'과 '윤리-미학적 패러다임', 그리고 '새로운 생태 운동' 사이의 접점을 점진적으로 살펴본다. 예술의 방식처럼 무언가를 만들어낼 수 있는 힘, 다양한 것들을 풍부하게 창조해 내는 힘이 어떻게 단단하게 고착화된 세계를 변화시키는지 재고해 보고자 했다.

그에 뒤이어, 4장 「근본파/현실파 논쟁에서 가타리의 세 가지 생태학의 의미」에서는 가타리가 주장한 '세 가지 생태학'의 차원에 대한 보다 자세한 정의와 분석이 전개된다. 이 장에서는 '마음생태와 근본생태주의', '자연생태와 환경관리주의', '사회생태와 사회생태주의'라는 세 항이 그려내는 도표를 상세히 분석하고, 그 안에서 n분화되어 배치된 여러 생태학적 담론 및 현실화된 실천들을 실증적으로 살펴볼 수 있다. 마지막으로 5장 「펠릭스 가타리의 『세 가지 생태학』의 미적 재전유」에서는 앞서 3장과 4장에서 살펴본 가타리의 윤리-미학적 패러다임, 그리고 세 가지 생태학적 차원들에 관한 분석을 종합적으로 제시하고자 했다. 이 글은 기획전 《미래 과거를 위한 일》(서울시립미술관 서소문본관, 2017년 12월 12일-2018년 3월 4일)의 참여 작가 갈라 포라스-김의 작업에 대해 신승철이 쓴 평론을 바탕으로 하고 있어, 갈라 포라스-김의 〈휘파람과 언어 변용 (Whistling and Language Transfiguration)〉이라는 작품의 분석에서 출발한다. 신승철은 갈라 포라스-김의 예술 실험에서 힌트를 얻어 가타리가 패러다임 전환을 위해 핵심적인 전략으로 내세웠던 '주체성 생산', '소수자 되기'의 실천을 다시 한번 강조하고, 나아가 이를 통해 우리가 스스로를 풍부하게 달라져갈 때, 우리의 새로운 녹색 운동으로 나아갈 수 있으리라 제안한다.

각 장에 대한 설명을 순서대로 나열했지만, 미리 일러두자면 이 책의 흐름은 그다지 단계적이고 조직적이지 않다. 세 필자가 공동의 글쓰기를 하는 데 있어 부족한 부분이면서, 후배들의 글을 먼저 보여지게 한 신승철의 사랑스러운 집념의 결과이기도 하고, 또 논리적인 체계로 잘 짜여진 글에 대한 반감이기도 하다. 하나의 주제의식으로 나아가기 위해 논리적으로 구성된 책이 독자에게 해당 분야의 지식을 전달하는 데 훨씬 효율적이고 전문적일 수 있겠지만, 미리 정해진 답을 습득하기보다는 난해하지만 책과 교류(씨름)하며 돌파해 나가는 과정에서 독자 스스로 질문을 던지고 새로운 답을 찾아나갈 수 있지 않을까 생각해 본다. 그러므로 이 책은 원하는 장부터 먼저 읽어도, 읽고 싶은 순서대로 읽어도 좋다.

책을 쓰는 중 영면에 든 고(故) 신승철의 부재 속에서 이 책이 나올 수 있도록 필자들을 북돋아주고 스스로 '신승철-되기'를 실천하며 많은 정리를 해주신 생태적지혜연구소협동조합의 이승준 이사장님과 첫 번째 독자가 되어 에필로그 작성에 힘을 보태주신 홍승하 선생님, 신승철 철학에 늘 함께하며 사랑과 돌봄의 깊이를 더해주시는 이윤경 선생님, 오랜 시간 동안 넓은 마음으로 필자들의 원고를 기다려주시고 이 책을 펴낼 수 있도록 소중한 기회를 주신 알렙 출판사에 깊은 감사의 인사를 전한다.

2024년 1월 25일
최소연, 정유진

3장 근본파와 현실파를 넘어서는
펠릭스 가타리의 윤리-미학적 패러다임

4장 근본파/현실파 논쟁에서
가타리의 세 가지 생태학의 의미

5장 펠릭스 가타리의 『세 가지 생태학』의 미적 재전유

1장

—

자연주의는 생태주의가 아니다

1 페미니즘, 노동, 생태, 퀴어 운동이 탈자연화하다

'적녹보라'라는 말이 있듯이, 생태적 위기 앞에서 페미니즘, 노동, 생태, 퀴어 운동의 연대는 필연적이면서도 시급한 것으로 보인다. 적녹보라의 운동은 비록 가부장제, 노동 착취, 생태 문제, 성소수자 차별이라는 각자의 독자적인 문제들에 도전하고 있지만, '억압당하는 자', '피착취자', '소수자', '주변부' 등을 공통 개념으로 사용해 일정한 연대를 이뤄내려 했으며, 또한 그러한 연대를 통해 여러 성과를 만들어내기도 했다. 그러나 이 운동들 안에는 화해할 수 없는 듯 보이는 균열의 지점이 존재하는데 그것은 운동 각각이 '자연을 바라보는 상이한 관점'을 갖고 있으며, 그러한 관점들이 서로에게 양보할 수 없는 운동의 최종 한계선처럼 기능한다는 점이다. 아래에서 우리가 다루고자 하는 것은 바로 이 문제, 즉 사회 운동들이 서로를 배제하지 않고 수용할 수 있는 '자연 개념의 재구성'에 있다.

한쪽에서는 첨단 과학이 맹렬한 속도로 발전하고 있다. 과학기술의 포화 속에서 인공지능, 로봇 기술, 데이터 과학, 디지털 커뮤니케이션 기술 등의 발전은 인간으로 하여금 물질적 조건을 벗어나 탈인간이 될 수도 있으리라는 희망을 심어준다. 이것은 포스트휴머니즘의 논의에 반영된다. 이제 인간의 삶은 기계 장치들 사이 어딘가쯤에서 펼쳐질 것이며, 인간은 전통적으로 신체적 구속이라 여겨진 것(질병, 장애, 젠더, 섹슈얼리티, 죽음)에서 점점 해방될 것이라는 전망이 포스트휴머니즘의 논의에서 공통적으로 나타난다. 여기서 인간은 포스트휴먼으로서의 새로운 삶을 예비해야 할 것처럼 보인다.

또 다른 한쪽에서는 생태 위기가 인간의 오만을 경고한다. 여기서는 정반대의 방향에서 인간성에 대한 회의와 반인간적 관점으로의 회귀를 지향한다. 이러한 담론에서 그려내는 생태 위기는 여러 양상으로 나타나며, 강렬한 이미지를 동반한다. 불타고 있는 아마존, 녹아가는 빙하에 의지하여 바다 한가운데

갇힌 채 죽어가는 북극곰, 산불을 피하지 못하고 불에 타 죽어버린 코알라, 지진과 쓰나미, 그리고 그에 뒤따르는 수많은 죽음과 공포들……. 마치 소돔과 고모라를 신이 벌하듯, 인류는 기후위기와 자연재해라는 처벌을 받고 있는 것처럼 보인다.

이처럼 한편에서 과학기술의 발전은 탈인간화와 함께 인간의 물질적·자연적 조건으로부터의 해방을 목표로 제시한다. 그리고 다른 한편에서는 생태 위기와 함께 인간성에 대한 회의와 더불어 자연적 관점으로의 회귀를 대안으로 제시하고 있는 것이다. 이처럼 인간성과 자연에 대한 상반되는 관점은 사회 운동 안에서도 되풀이되며, 이 점에서 노동 운동, 페미니즘 운동, 퀴어 운동, 생태 운동은 각각 서로에 대해 대립되는 요소들을 갖는다. 낸시 프레이저(Nancy Fraser)가 『분배냐, 인정이냐?』에서 사회 운동을 경제 투쟁과 문화 투쟁으로 구분하고, 노동자 운동을 경제 투쟁 쪽에, 퀴어 운동을 문화 투쟁 쪽에, 그리고 페미니즘 운동을 경제 투쟁과 문화 투쟁 사이 그 어딘가쯤에 놓았다면,[1] 우리는 포스트휴먼론(또는 반(反)자연)과 자연 지향이라는 구분으로 사회 운동을 다시 분류할 수 있을지도 모른다. 포스트휴먼론 쪽에 노동자 운동과 퀴어 운동을 놓

---

1 낸시 프레이저의 분류법에 생태 운동에 대한 언급은 없다. 이에 대해서는 낸시 프레이저·악셀 호네트, 김원식·문성훈 옮김, 『분배냐, 인정이냐?』(사월의책, 2014), 27-90쪽을 보라.

고, 생태 운동을 자연 지향 쪽으로 놓고, 페미니즘 운동을 포스트휴먼론과 자연 지향 사이 그 어딘가에 놓을 수 있을 것이다. 프레이저가 이와 같은 사회 운동의 도식화에 의해 많은 비판을 받았듯이, 이처럼 운동을 구분하는 것은 아주 쉽게 반박당할 수 있다. 그러나 프레이저가 올바르게 이해한 것은 각각의 사회 운동 사이에는 서로에 대해 화해하거나 종합하기 쉽지 않은 간극이 놓여 있다는 것이고, 이것은 샹탈 무페(Chantal Mouffe)나 에르네스토 라클라우(Ernesto Laclau)가 상정하는 것처럼 "접합(articulation)"의 문제가 담론이나 헤게모니 전략을 통해 쉽게 해결되지 않을 수 있다는 것을 의미한다.[2]

노동자 운동과 그 기반이 되는 마르크스주의는 (그것이 어떤 계열이든지 간에) 기계와의 결속 속에서 인간을 사유해 왔다. 인간은 도구를 사용하여 자연을 인간의 필요와 욕구에 적합한 형태

---

2 "우리의 연구방식은 정치적 접합의 계기를 특권화하는 작업에 기반을 두며, 우리의 관점에서 정치 분석 작업의 주요 범주는 헤게모니이다." 샹탈 무페·에르네스토 라클라우, 이승원 옮김, 『헤게모니와 사회주의 전략』(후마니타스, 2012), 12쪽. 이러한 헤게모니 전략이 기존의 관습에서 배제되어 온 이들을 접합시키려는 새로운 보편화 시도("보편자를 다시 무대에 올리는 것")일 수는 있지만, 그러한 보편화 기획은 "모종의 수행적 모순을 산출"하면서 "보편성 개념 자체의 유령적 이중화"를 드러내는 '불안정성'에 종속되며, 나아가 바로 그러한 보편화에 뒤따라 나오는 새로운 "배제"를 피할 수 없다는 점을 지적할 수 있다. 이에 대해서는 주디스 버틀러, 박대진·박미선 옮김, 「보편자를 다시 무대에 올리며」, 『우연성, 헤게모니, 보편성』(도서출판b, 2009), 27-71쪽을 참고하라.

로 전환시켜 왔으며, 인간의 역사는 인간이 자연을 변형하는 과정에서 사회적 계층이 분화되는 과정으로 설명될 수 있는 것이다. 마르크스주의 전통에서 인간 해방의 열쇠는 생산력 발전을 통해 자연을 얼마나 인간에 적합한 형태로 변형하느냐에 달려 있다. 자연 정복에 대한 열망은 소련과 중국에서 기괴할 정도로 엄청난 규모로 자연을 파괴·훼손하는 사건들 속에서 가장 극적인 형태로 표현된다. 중국의 대약진 운동의 구호 중 하나는 "자연에 맞서 전쟁하자!"였으며, 철강 생산을 위해 몇 달 동안 영토 내 숲의 10퍼센트가 벌목되고, 강들은 직선화되고, 인공호수가 건설되었으며, 무고한 참새 136만 7,440마리가 학살을 당했다.[3] 이런 까닭에 브뤼노 라투르(Bruno Latour)는 1989년 베를린 장벽의 붕괴가 불행하게도 "무한한 자연의 종말"로 이어지게 되었다고 지적한다.[4] 자연 지배를 통해 인간의 해방을 이루어내고자 했던 사회주의의 기획은 베를린 장벽과 함께 붕괴되고 인간의 노예였던 자연은 기묘한 변증법을 거쳐 인간의 주인으로 재등장한다.[5] 그러나 사회주의 국가의 붕괴 이후 시

---

3 디르크 슈테펜스·프리츠 하베쿠스, 전대호 옮김, 『인간의 종말: 여섯 번째 대멸종과 인류세의 위기』(해리북스, 2021), 207-208쪽.
4 브뤼노 라투르, 홍철기 옮김, 『우리는 결코 근대인이었던 적이 없다』(갈무리, 2009), 37쪽.
5 같은 곳.

대의 변화와 함께 마르크스주의는 이론적 변형(생산력 중심주의와 토대-상부구조론 비판, 실질적 포섭 개념을 경유한 다양한 미시 권력 비판, 비물질 노동의 헤게모니 제기, 사회적 노동으로의 계급 형태 변화 등)을 거쳤음에도 불구하고 자연은 여전히 인간 노동으로 변형되는 그 무엇(제2의 자연)이며, 인간은 기계와의 결합을 통해 새로운 주체성을 획득한다는 전제는 여전히 핵심적인 내용으로 남아 있다.

페미니즘 운동은 자체적으로 그 운동 안에서 탈자연과 자연 지향의 갈등과 긴장을 경험했다. 그리고 그 결과 자연을 새롭게 바라보고 재규정하는 데 참고할 수 있는 이론가(대표적으로 도나 해러웨이와 다양한 에코페미니스트)들을 다수 배출했다. 페미니즘 운동은 여성의 억압을 정당화하는 논리로 '자연' 개념이 초월적으로 사용된다는 것을 파악했다. 가부장제 사회에서 여성은 아이를 낳고, 모성을 가져야 하며, 가정에 머물며 가족을 위해 헌신해야 하는 존재로 그려지는데, 이러한 논리는 여성을 자연적 존재와 일치시키면서 정당화된다. 일부 여성주의자들은 자신들에게 달라붙은 꼬리표인 '자연'을 떨쳐내기 위해 기술 발전에 의존하는데, 기술이 여성을 임신·출산·육아의 쳇바퀴 같은 삶의 굴레에서 벗어나게 할 결정적 무기라고 생각했기 때문이다. 우리는 기술에 대한 여성주의자들의 이러한 깊은 신뢰가 도달한 정점에서 슐라미스 파이어스톤(Shulamith Firestone)과 만날 수 있다. 모두가 예상하겠지만 그녀가 기술 발전에 의존해 여성의 해방을 도출하고자 할 때 그 밑바탕에는 생산력 중심주의라는 마르크스주의의 낡은 망령, 즉 '기술 발전과 생산력 발전만이 피억압자를 해방시킬 것이다'라는 생각이 도사리고 있다. 그런데 역설적이게도 바로 이 지점에서 여성의 해방은 좌절될 수밖에 없다. '여성=자연'에서 벗어나기 위해 여성은 대개 남성들이 그 중심에 서 있는 과학 지식과 의학 기술의 발전에 의존해야 하고, 또 그만큼 기술은 기존의 남성 엘리트들에게 더욱 집중될 것이기 때문이다. 하지만 여성의 해방이 이렇게 남성 엘리트들의 손에서 좌지우지된다면 우리는 그것을 페미니즘으로 부를 수 있을까? 그렇다면 차라리 그와 정확히 정반대에 서보는 것은 어떤가? 즉 '여성=자연'의 등식을 거부하거나 극복해야 할 것으로 보지 않고, 자연 자체를 여성의 자기 긍정의 힘으로, 또 자본주의와 가부장제에 대항할 저항의 원천으로 받아들인다면 기술을 맹목적으로 추종한 이들이 도달한 막다른 골목을 벗어나지 않을까? 우리가 생각하기에 바로 여기에 에코페미니스트들의 문제의식이 있다. 그래서 이들은 기존의 여성 운동이 떨쳐내고자 했던 바로 그 개념들(모성, 감성, 신체성, 물질성 그리고 자연성)을 다시 여성 해방의 근거로서 도입한다. 뒤에서 다루겠지만 도나 해러웨이(Donna J. Haraway)는 바로 이 두 입장을 가로지르는 이론가로 참고할 만하다. 그녀는 자신의 초기 저작인 「사이보그 선언」(1985)에서는 기계와 인간의 결합으로 탄생한 새로운 존재 형태로서 사이보그에 주목했지만, 이후 『트러블과 함께하기』(2016)에서는 오늘날의 생태 위기에 응답하기 위해 이전의 입장을 더욱 발전시켜 생물-인간-기계-환경을 연결시키는 집합적 존재 형태인 공생체와 그것의 세계 형성으로서의 공-산(sym-poiesis)으로 나아갔다. 이것은 그녀가 이론적 선회(반자연적 기술주의에서 생명 친화적 자연=모성 지향으로)를 한 것으로 볼 수 있을까? 이 문제에 대해서는 뒤에서 좀 더 자세히 다룰 것이다.

그리고 아마도 퀴어 운동이야말로 탈자연의 열망이 가장 강렬한 운동, 그리고 인공적인 것을 통해 가장 강하게 해방의 열망을 꿈꾸고 있다고 볼 수 있을 것이다. 동성애·양성애·트랜스젠더·트랜스섹슈얼·BDSM 등은 자신의 섹슈얼리티가 혐오되고, 오명을 받고, 경찰과 법원 등 국가권력, 의학 담론에 의해 철저하게 탄압당한 경험을 가지고 있다. 그리고 그런 억압과 탄압의 근거는 이들을 비정상적인 것으로 규정하는 담론/권력에 있다. 퀴어 이론가들의 분석에 따르면, 이성애중심주의에서 이성애를 강제하는 방식은 이성애를 자연화

(naturalize)하는 효과에서 비롯된다. 그래서 이들은 오히려 자연의 영역에 가장 깊숙이 관여되어 있던 섹슈얼리티를 탈자연화하는 것을 해방의 전략으로 삼는다. 트랜스젠더는 성형수술(자신의 신체에 인공 보철물을 삽입), 호르몬 요법, 화장품과 의복을 통해 '자연적인 것으로 주어졌다고 상정되는 젠더'를 패러디하며, 젠더 규범성을 전복한다(주디스 버틀러는 이러한 패러디를 '수행성'이라는 개념을 통해 설명하고자 했다). 폴 프레시아도(Paul Preciado)는 인공 보철물(prosthetic)을 통해 자연적인 것이라 상정되는 페니스를 대체하는 딜도의 정치학을 주창하고 있다. 무엇보다 이들은 누군가가 '자연'이라는 말로 무언가를 지칭할 때 그것이 어떤 권력의 효과를 유발하는지에 대해 적절하게 의심하도록 조언한다.

자연화/탈자연화 · 생태 개념어 쪽지 ·

이성애의 '자연화'는 이성애를 인간의 자연적·생물학적 숙명으로 간주하면서 섹슈얼리티의 여러 다양한 형태를 예외적이거나 비정상적이라고 보는 관점이나 태도를 지시한다. 섹슈얼리티에 대한 이러한 생물학적 숙명론은 동성애를 지적으로 성숙한 인간들의 성애로 이해했던 고대 그리스 도시국가 사회나 그 밖의 여러 다양한 시대에서 목격되었던 횡단적 성애들의 사례로 인해 그 필연성이 약화된다. '섹슈얼리티의 탈자연화'는 이성애를 숙명으로 보지 않는 관점이나 태도를 지시하지만, 또한 오늘날의 발달된 의학 기술 및 약물 처방 등으로 성별을 바꾸거나 섹슈얼리티의 고정성을 벗어나는 방법, 기술, 제도 등을 의미하기도 한다.

생태주의자들의 자연관은 이러한 사회 운동의 역사와 별개의 것으로 상정될 수 있을까? 생태주의자들이 문제로 삼는 것은 생태 위기로 인해 죽어가는 생명체들의 '생존'이고 따라서 어떻게 생태 위기를 벗어나느냐가 가장 시급한 문제이지, 노동자 운동-페미니즘 운동-퀴어 운동이 발전시킨 논의까지 참고할 이유는 없다고 말하는 것은 유효한 것일까? 오늘날 주되게 얘기되는 포스트휴먼론에 반대하면서 자연을 지향한다고 말하는 순간 우리가 놓치거나 간과하는 것은 무엇일까? 다른 사회 운동들이 이해하는 '자연'과 생태주의자들이 말하는 '자연'은 다른 것이고, 서로 다른 것을 지칭하고 있다는 것으로 이 문제를 회피할 수 있는 것일까? 만약 생태 담론이 자신의 역할을 환경 관리의 영역으로 매우 협소하게 축소한다면 그것은 가능한 일일지 모른다. 가령 오존층 구멍의 확장을 막기 위해 프레온가스의 배출을 규제하는 것, 지구의 온도 상승을 완화하기 위해 탄소 배출을 감소시키는 것, 생물종 다양성을 위해 보호 구역을 지정하는 것 등의 문제로 스스로를 한정 짓는다면 말이다. 그러나 생태 담론이 '인류의 전환'이나 '욕망의 재배치', '인간과 자연의 관계 재설정'과 같은 사회, 권력, 인식, 욕망의 문제에 대해서 이야기하고, 그와 관련하여 우리가 나아갈 방향에 대해 말하고자 한다면, 앞서 언급한 운동들과 어떤 관계를 맺을 것인지를 생각해야 하며, 그들이 남긴 교훈과 조언을 쉽게 간과해서는 안 될 것이다. 그리고 다른 무엇보다 생태 담론은 자신이 주요하게 상정하는 '자연'이 무엇인지에 대해서 먼저 적절히 해명해야 할 필요가 있다.

2 미리 주어진 자연에서 구성적 자연으로

주류적 생태 담론의 함정 중 하나는 마치 '자연'을 미리 주어져 있는 어떤 것으로 상정하는 경향이 있다는 것이다. 그것은 '자연'이라는 말에 으레 뒤따라오는 '보존'이라는 말을 통해 확인된다. 자연은 인간 이전에, 또는 인간 이후에도 존재할 어떤 것이며, 인간은 이를 겸손히 사용할 필요가 있다는 생각이 함의되어 있다. 이것은 자연과 인간을 대립하는 것, 또는 자연을 인간의 배경쯤 되는 것으로 상정하는 것이기도 하다. 이 것은 고전적인 의미, 아니 그보다는 신학적 의미의 자연으로 회귀하는 것을 의미한다.

생태주의는 우리에게 오래된 형이상학적 문제를 다시금 제기하도록 만든다. 인간에게 자연은 무엇인가? 고전적인 철학의 전통에 따르면 통상 자연은 다음 두 가지 의미가 서로 얽혀 있음을 염두에 둘 필요가 있다. 한편으로 자연은 신의 창조물로 간주되며 따라서 인간은 자연 안에 숨겨져 있는 신의 메시지를 해독해야 한다는 것이다. 자연과학을 추동했던 주요한 원동력은 이 자연에 숨겨져 있는 법(law)을 밝혀내고자 함이었으며, 그것은 겉으로는 이해 불가능하고 무작위적이며 우연적으로 보이는 현상 안에 법이 있으며, 그 안에 있는 신의 법을 읽어내고 그 법에 따라 인간 사회를 구성하는 것이 그들의 문제의식이었다. 다른 한편으로 인간의 자연(nature), 즉 인간 본성을 이해하는 것이다. 인간의 본성은 신이 인간에게 불어넣은 인간을 구성하는 본질적인 요소로, 신학적인 관점에서 이 본성은 죄와 연결되어 있다. 아우구스티누스의 성서 해석에 의하면 에덴 동산에서 인간의 본성은 신적인 것과 닮아 있었다. 에덴에서의 추방과 함께 인간의 본성은 타락했으며, 인간이 자연 세계에서 겪는 고통(자연재해, 기근과 같은 것이 여기에 해당하며, 여성에게는 특별히 출산의 고통이 부과되었다)은 인간의 죄에 대한 마땅한 인과적 처벌로 여겨졌다. 따라서 인간의 본성과 인간에게 부과되는 자연성은 인과적으로 연결되어 있는 것이다.

자연과 인간을 둘러싼 이러한 신학적 서사는 생태주의자들의 일부 담론에서 새로운 외피를 쓰고 다시 등장해 인간에게 자연의 죄인이라는 낙인을 찍는다. 기후변화, 자원 고갈 등 인간의 생존을 위협하는 자연의 반격은 인간의 탐욕적 행위들에 대한 대가로 간주된다. 인간은 자신의 필요를 충족하는 정도에서 머물지 않고, 허위와 가상의 것을 욕망하는 우를 저질렀다. 결국 인간의 가장 큰 죄는 그들의 오만에서 비롯되는 것으로 간주된다. 자연을 자신이 통제하고 지배할 수 있다는 오만, 인간을 자연보다 우위에 두는 오만, 자연에 숨겨져 있는 메시지를 겸손하게 읽어내기보다 자연에 개입하려고 했던 오만에 대한 대가로 인간은 생태 위기를 통해 생존을 위협받고 인류 멸종에 이를 수 있는 처벌을 받는다는 것이다. 오히려 이 처벌이 어떻게 이렇게 지연될 수 있었는지에 대해, 우리는 자연의 인내심에 경의를 표해야 한다는 것이다.

자연주의에 기초한 생태 담론이 비록 자연의 주체를 아버지 신(God)에서 어머니 신(Gaia)으로 대체하기는 했지만, 그들의 어머니 신 역시 아버지 신과 다를 바 없이 인간에게 분개하며 처벌을 내리는 존재로 상정된다. 어머니 신 역시 인간이 자신을 향해 숭배하고 겸손하기를 원한다. 어머니 신 역시 자신을 토대로 하여 인간 사회를 구성하기를 원한다. 그러나 아버지 신과 어머니 신이 다른 점이 있다면 아버지 신이 예수라는 인간의 형태로 자신을 현현했던 것과 달리, 어머니 신은 지구라는 보다 더 직접적이고 물질적인 형태로 자신을 현현한다는 점이다. 그러므로 어머니 신인 지구를 깎아내거나 베어버리는 행위는 그 자체로 신성 모독과 같은 일이다. 우리는 어머니 신의 울음소리를 들어야 한다. 아마 생태적 감수성은 어머니 신의 울음소리를 들을 수 있는 새로운 영적 능력과 같은 것이리라.

근대에 들어서면서 진행된 탈주술화 과정은 자연으로부터 신의 신성함을 빼앗아오는 방향으로 나아갔다. 괴테(Johann Wolfgang von Goethe)에게 인간의 원형은 죄를 지어 쫓겨나 신이 인간을 위해 특별히 고안한 세계라는 감옥에서 처벌받아야 하는 아담과 이브가 아니라, 신들의 말을 거역하고 그들로부터 불을 훔쳐 인간들에게 건네주는 존재인 프로메테우스였다. 인간의 역사는 신과의 약속을 저버린 대가로 대대손손 죄를 물려받으며 자연이 제공하는 고통을 감내하며 하늘에서 신의 은총이 내려와 이 죄인들을 용서하고 구원해 줄 때를 기다리는 과정이 아니라, 신으로부터 빼앗아온 불을 기반으로 하여 자연을 자신의 필요에 따라 변형하는 과정으로 전환되었다. 이것이 카를 마르크스(Karl Marx)가 재구성한 인간의 역사이다. 인간과 자연의 관계는 여기에서 신진대사라 불리는 유기적 과정으로 연결된다. 인간은 자연에서 자신의 욕구의 대상을 구하기 위해 자연을 변형시키는데, 그렇게 변형된 자연은 다시 인간에게 새로운 욕구 및 욕망을 제공하고, 인간은 그런 자연을 다시금 자신의 욕구에 따라 재생산한다. 결국 이러한 과정 속에서 자연은 인간에 의해 구성되는 것이다. 이것은 인간의 자연, 즉 인간 본성에 대한 관념 또한 동시에 변형한다. 인간의 본성은 미리 주어져 있거나 어떤 형태로 굳어져 있는 고체 같은 것이 아니라 자연 변형 과정 속에서 또한 변화되는 것이다. 이제 인간의 해방은 신의 은총을 기다리는 구원 같은 것이 아니라 인간 자신에 의한 인간의 해방이라는 기획 속에 놓여 있다.

노동자 운동, 여성 운동, 퀴어 운동은 인간 자신에 의한 인간 해방이라는 과제를 공유하고 있으며, 그들은 자연이나 인간의 본성이 미리 주어져 있지 않다는 점을 필사적으로 증명하고자 했다. 프로메테우스의 불을 건네받은 노동자들이 가장 먼저 변형해야 하는 자신의 본성은 예속이다. 세계는 주인과 노예로 이루어져 있다. 주인은 생각하고 지시하며, 노예는 복종하고 행동한다. 노예는 언제나 노동자였으며, 자신의 발에 묶인 사슬을 자신의 신체의 일부처럼 여기는 존재였다. 그러나 노동자는 자연과 각별한 신진대사를 통해 스스로를 변형하고 세계를 변형할 잠재력을 가진 존재이다. 노동자는 이 잠재력을 현실로 전환하는 자이며, 그는 계급투쟁을 통해 자신의 본성으로 간주된 예속에서 해방되고자 했다.

그와는 또 다른 전선에서 여성 운동은 자연과의 전쟁을 벌였다. 자연은 여성에게 훨씬 더 가혹했다. 아우구스티누스의 신이 이브의 자손인 여성에게 특별히 출산의 고통이라는 가중 처벌을 내렸듯이, 여성은 태어날 때부터 숙명적으로 죄를 부여받았다. 여성에게는 자신의 몸 자체가 죄와 처벌의 표식인 것이다. 여성의 몸은 여성의 모든 활동을 가로막는다. 아마 그녀의 몸에서 흘러나오는 타락의 증표들은 그녀 자신이 올바르게 사고하는 것을 가로막을 뿐 아니라 이브가 아담에게 그랬듯이, 인간 남성들의 온전한 이성 활동을 혼란과 타락의 늪으로 빠뜨릴 위험 요소였다. 여성의 몸은 특별히 사적 영역이라는 공간에서 관리되는 존재였다. 프로메테우스의 후손인 남성 노동자가 생산이라는 자연 변형, 세계 변형, 자기 자신의 변형을 이루어낼 때조차도, 여전히 이브의 후손인 여성들은 이미 존재하는 것의 반복인 재생산을 통해 남성 노동자들이 변형 활동을 지속할 수 있는 원료(인간)를 공급하는 역할을 수행하는 것으로 그 역할이 제한되었다. 남성 노동자들이 자연과의 신진대사를 이루어내는 협력 관계를 형성할 때, 여성과 자연의 관계는 보다 양가적인 관계, 모순적 관계를 형성한다. 여성에게 자연은 자신의 몸에 밀착되어 있는 것이므로, 아니 그보다 자신의 몸 자체가 자연이므로, 여성의 해방은 자기부정을 기반으로 한다. 여성이 자기 스스로를 해방해야 하는 것은 자기 자신의 일부, 또는 그 이상을 이루면서 부여되는 여성다움의 특성, 즉 여성성(femininity)이다. 마치 조그마한 칼을 들어 온몸에 퍼져 있는 종양을 떼어내야 하는 집도의처럼 여성주의 운동의 논쟁은 여성성이라는 종양이 여성의 몸 어디까지 퍼져 있는지, 종양을 어디서부터 어디까지 도려내야 하는지에 대한 논쟁사라고도 해석할 수 있을 것이다. 베티 프리단(Betty Friedan)은 그 종양이 여성의 뇌에 있다고 생각했다. 즉 교육과 적절한 사회 활동을 통해 여성이 남성과 같은 이성적 존재로 거듭나는 것이 여성을 온전한 하나의 인격체로 만들 수 있다는 것이며, 따라서 여성 운동은 여성의 의식 고양을 목표로 삼아야 했다. 슐라미스 파이어스톤은 이 종양이 여성의 자궁에 있다고 생각했다. 출산의 의무, 재생산의 의무로 둘러싸여 있는 이 여성의 자궁에서 종양을 제거할 수 있다면, 즉 재생산 테크놀로지의 도움을 받아 출산의 과업에서 해방될 수 있다면, 어쩌면 문제는 생각보다 더 간단할 수 있다고 본 것이다. 레즈비언 페미니스트들은 그 종양이 여성의 질에 있다고 생각했다. 성욕을 여성의 질에 한정해 놓는 가부장제의 이성애 규범은 그 종양이 계속해서 자라도록 하고 있으며, 성애에 있어서 질의 대체물(대표적으로는 클리토리스, 입술, 손의 온기)은 충분하며 오히려 질보다 더 낫다고 이들은 진단했다. 그리고 이들의 종양 제거가 한창일 때 대체

의학자가 등장했는데, 이들은 여성성을 제거해야 할 종양으로 그것을 여성으로부터 무리하게 떼어놓으려 하는 것이 여성을 더 고통스럽게 만든다는 대안적 관점을 제시했다. 이들은 스스로를 에코페미니스트라고 불렀다.

에코페미니스트들은 기독교 신학자들보다도 더 여성과 자연이 얼마나 밀접한지를 보여주고자 했다. 이들은 페미니스트들과 마찬가지로, 또는 페미니스트라는 이름에 걸맞게 가부장제를 여성 억압의 가장 주요한 메커니즘으로 보면서도 또한 그 자체가 여성 강간을 공식화하는 제도라고 여겼다. 악명 높은 프랜시스 베이컨(Francis Bacon)의 자연 강간의 비유는 이를 보여주는 것으로 활용되는데, 이들 남성들이 자연을 강간하고 싶어하는 욕망은 사실 여성을 강간하고 싶어하는 욕망과 같다. 에코페미니스트들이 보기에, 이것은 서로 구분하기 어려울 정도로 밀접하게 연결되어 있다. 역으로 여성을 강간하고 싶어하는 것은 또한 자연을 강간하고 싶어하는 것이다. 자본주의의 발전이든, 산업화이든 그것은 자연 강간의 역사로 재구성된다. 여기에서 '여성성'은 보다 근원적인 것인데, 남성 강간자들이 강간을 통해 강탈하려는 것이 바로 자연과 여성이 보물처럼 안고 있는 '여성성'이며, 이 '여성성'을 그토록 강간하여 무력화하려고 했던 것은 이 '여성성'이야말로 힘의 원천이기 때문인 것이다. 이 '여성성'은 때로는 자주 신비하고 영적인 것으로 표현된다. 이것은 때로는 동식물들의 아픔에 공감할 수 있는 능력이자, 시공간을 가로질러 어떤 시원적인 것에까지 도달할 수 있는 영적인 힘이며, 또한 가부장적 자본주의에 가장 치명적으로 저항할 수 있는 원천이기도 하다. 이들은 생태주의자

자연 강간의 비유　　　　　　　　　　　· 생태 개념어 쪽지 ·

자연 강간의 비유는 자연을 여성과 등치시키고 다시 그것을 정복의 대상으로 간주할 때 성립되는데, 이는 근대의 과학적 세계관이 대두되는 16-17세기 이후 본격적으로 나타나기 시작한다. 가령 프란시스 베이컨은 여성으로 이미지화된 자연을 과학 지식과 방법을 통해 파악 및 제압하고, 따라서 인간의 지식을 자연 지배를 위한 유효한 도구로 보면서 여기에 성적인 학대의 필요성을 추가시킨다. 이는 당시의 마녀사냥이라는 사회적 분위기를 반영하며, 반여성주의적이자 반마법적인 법률을 제정했던 제임스 1세 치하에서 법무 장관과 추밀원의 고문관을 역임한 베이컨의 정치적 배경에서 비롯된 것이기도 하다. 자연은 마녀재판에서처럼 심문에 의해 그 비밀이 밝혀져야 될 대상이 된다. "자연을 사냥개처럼 추적[하면] (……) 자연의 비밀의 폭로 같은 것을 위해서도 유용한 빛을 얻을 수도 있다. 진실의 심문이 그의 전적인 목표일 때, 남자가 이들 구멍과 구석으로 들어가서 관통하는 것을 주저해서는 안 된다." Francis Bacon, "De Dignitate et Augmentis Scientiarum", *Works* 14 vols., ed. James Spedding and Robert Leslie Ellis, London: Longmans Green, 1870. 또한 다른 곳에서는 "자연은 그녀를 그대로 내버려둘 때보다 (기계 장치) 기술의 괴롭힘과 심리하에서 더 명확하게 그녀 자신을 드러낸다"고 말하기도 했다. 자연의 성적 고문(강간)이 마녀 심문 과정에서처럼 자연이 숨긴 비밀을 가장 분명하게 밝힐 유효한 방법으로 권장되는 것이다. 그리고 자연 지배술로서의 성적 학대와 폭력은 '인간 종 전체의 이익'이라는 명목하에서 한층 더 정당화된다. 더 자세한 내용을 알 수 있는 것으로, 캐롤린 머천트, 전규찬·전우경·이윤숙 옮김, 『자연의 죽음』(미토, 2005), 256-293쪽을 보라.

들이 가이아 여신을 모셔올 때 여성들이야말로 가이아 여신을 잘 모실 수 있는 사제들이라는 점을 강조했다.

퀴어 운동은 가장 격렬하게 자연에 저항했다. 노동자 운동은 신을 거역한 프로메테우스로서 자신과 자연의 물질적 신진대사를 통해 자연을 재구성하는 데 초점을 두고, 여성 운동은 자연을 자신으로부터 떼어낼 것인지 고이 모실지를 둘러싸고 양분되어 있다면, 퀴어 운동은 자연이 얼마나 억압의 도구로 사용될 수 있는지를 가장 직접적이고 물리적으로 경험한 바 있다. 이들은 자연의 이름으로 몽둥이질을 당했으며, 자연의 이름으로 성기가 훼손되기도 했고, 자연의 이름으로 교정 치료가 이루어졌다. 우리는 미셸 푸코(Michel Foucault)를 통해 병리학자들이 이들의 신체를 얼마나 자연의 오류와 같은 것으로 보았는지를 알 수 있다. 이들은 노동자들보다 더 프로메테우스적인데, 이들은 자신의 신체를 개척 또는 개조의 대상으로 보고 있기 때문이다. 그들은 자연에 대항하는 것으로 간주되는 모든 것을 자신의 신체에 개입시킨다. 약물, 호르몬 치료, 성형수술, 인공 보철물의 부착 등은 신체의 표면 위에 새로운 욕망들을 개척하려는 그들의 부단한 노력의 결과이다. 생태주의와 퀴어 섹슈얼리티 사이에는 이처럼 자연을 둘러싼 첨예한 긴장이 있는데, 그것은 단지 일부 페티시즘에서 모피가 성적 행위의 연출 도구로 사용된다는 정도의 문제에서 끝나지 않는다. 퀴어 운동은 생태주의의 일부가 자연 안에 설정한 신학적 의미를 가장 철저하게 붕괴시키기 때문이다. 퀴어의 변형적 몸은 단순히 자연의 오류 정도가 아니라, 그 자체로 고정된 자연 개념에 대한 대항물로 기능한다.

　아마도 이 모든 문제는 자연에 너무 많은 의미들이 부착되어 있기 때문이다. 자연은 다양하고 모순되는 의미들을 자신 안에 포함하고 있다. 자연은 신을 의미하면서 동시에 신의 창조물을 의미한다. 자연은 아름다운 것이자 또한 아름다움을 논할 수 없는 숭고한 것이다. 자연은 인간이 자신의 생산 및 재생산 활동을 통해 꾸준히 흡수하고 가공해야 할 수동적 대상이자 동시에 인간이 손댈 수 없는 인간 너머에서 인간을 규정하는 존재이다. 따라서 이처럼 '자연'이라는 이름에는 여러 다양한 의미가 공존하고 있고 그런 점에서 자연 개념은 그것이 가진 정치적·신학적·미학적·역사적 의미를 각각 개별적 형태로 분리해 내기 어렵다. 그렇다면 이러한 어려움에서 벗어나기 위해 분석철학자들의 도움을 받아 가장 실용적인 의미의 자연 개념, 즉 자원이나 물질로서의 자연 개념으로만 자연을 한정 짓는 것은 어떤가? 이것은 불가능할 뿐만 아니라, 실제로 실용적이지도 않다. 오늘날의 기후위기 상황은 자연과 관련된 모든 인간 행위에 점점 더 강한 정치적·윤리적인 의미를 부과하고 있고, 또한 활용할 수 있는 자원으로서의 자연은 점점 더 고갈되거나 사라지고 있기 때문이다.

이처럼 생태 위기가 전면화되는 현재의 역사적 상황을 고려했을 때 자연에 대한 도구주의적 규정은 실효성이 없을 뿐만 아니라, 위험한 것이기도 하다. 자연을 인간의 필요를 위한 도구로 바라보는 전제에는 자연이 주체로서의 인간이 개입해야 할 수동적 객체나 응답 능력이 없는 대상으로 보는 관념이 있는데, 이러한 관념은 기후위기에 대한 행동 양식으로 기껏해야 자연에 대한 보호주의적 태도 정도만을 도출할 뿐이다. 그런데 문제는 이런 자연보존주의(혹은 원시 상태로의 회귀)가 지난 수십 년간 인간주의자들 사이에서 유지되어 온 일반적 태도이고, 이미 현재의 기후위기 상황이 그것의 실패를 입증하고 있다는 데에 있다. 오늘날 자연은 기존의 인간 역사 전체를 송두리째 부정할 정도의 위기 속에서 이해되는 개념이고, 또 생태주의의 무수한 대안적 담론들 속에서 매번 새롭게 다시 규정되는 있는 만큼, 그 복잡성과 다원성을 깊이 숙고할 것을 요구하고 있다. 이제, 자연을 바라보던 한정된 시야를 더 넓고 깊게 펼치기 위해 우리는 우리가 그동안 보지 못했던 것이 무엇이었는가를 살펴보고자 한다.

3 초월적 자연과 내재적 자연

신학적인 의미에서 자연은 인간을 초월하는 어떤 것이었다. 즉 자연은 지진, 폭풍, 기근, 출산의 고통 등과 같이 인간에게 고통과 비참을 안겨주지만, 또한 그 원인을 헤아릴 수 없는 신비로운 경외의 대상이었다. 이러한 자연을 이해하는 것이 근대 철학자들에게 주어진 과제 중 하나였다. 철학의 과제에는 인간의 괴로운 마음을 달래주는 것도 포함되어 있다. 라이프니츠(Gottfried Wilhelm Leibniz)에 따르면, 자연이 인간에게 가져다주는 고통은 사악한 존재인 신이 인간을 괴롭히기 위한 고안물이 아니라, 인간을 사랑하는 선한 신이 자신의 계획에 따라 자연에 부과한 목적이 실현된 결과일 뿐이다. 즉 모든 발생하는 사건은 그 나름의 필연적 이유와 목적이 있지만, 인간들은 그것을 모두 헤아리지 못하고 그저 경험의 한계 안에서 자신들이 겪는 불행에 대한 원망을 신에게 쏟아낼 뿐이라는 것이다. 이러한 라이프니츠의 인식 속에서 자연과 신에게 악은 존재하지 않는다. 다만 그 이유를 이해하지 못한 인간의 부족한 인식 능력이 자연의 사건 속에 악을 도입했을 뿐이다. 신에 대한 변호를 더 이상 철학의 과업으로 받아들이지 않는 학문적 분위기 속에서, 칸트(Immanuel Kant)는 자연 안에서 신이 설정한 목적을 찾기보다, 그것을 인간과의 관계 안에서 파악하고자 하는 관점을 제공했다. 그는 자연을 이분화했는데, 하나는 초월적 자연이며, 다른 하나는 내재적 자연이다. 전자의 의미는 인간의 이성적 속성인 목적성을 넘어서는 자연으로서, 그것은 숭고한 것이다. 후자의 의미는 인간의 목적성을 그 안에서 발견할 수 있는 자연으로서 아름다운 것이다. 칸트는 예술과 과학을 통해 자연 속에 있는 목적성을 발견할 수 있으며, 이 목적성은 인간의 이성에 부합하기 때문에 아름다운 것으로 느껴진다고 보았다. 반면에 화산 폭발이나 폭풍과 같은 자연에서는 목적성을 발견할 수 없으며 인간의 이성 능력을 초월한 것을 발견한다고 보았다. 이처럼 칸트에게 자연은 내재성과 초월성이 함께 공존하는 영역이다.

자연을 내재성과 초월성의 공존으로 보는 관점은 브뤼노 라투르가 지적했던 바 있듯이 근대 초입의 과학과 정치에서도 반복된다. 근대인은 자신들 근대적 인간들만이 사회와 지식을 구성한다고 보면서 '자연'을 인간 사회가 아닌 과학자의 밀실인 실험실 안으로 집어넣는다. 자연(고백하는 신앙인)이 은밀한 비밀을 간직한 채 고해소(실험실)로 들어가 신부(과학자)에게 자신의 모든 비밀을 고백(지식의 생산)하는 상황이 은유적으로 연출되는 것이다. 이때 자연은 세계 안에 내재하는 대상, 따라서 파헤쳐져야 할 대상으로 추락한다. 반면 로버트 보일과 동시대인이었던 토마스 홉스(Thomas Hobbes)는 과학자가 인간의 실험실로 끌고 들어왔던 그 자연을 다시 초월의 영역으로 방출해 낸다. 홉스가 보기에 주권자가 초월적 능력을 가지는 것은 그가 신적인 것을 대리하기 때문이며, 그러한 대리를 수행하는 과정에서 인간들(근대인)이 발휘하는 구성적 능력은 자연의 힘에게서 빌려온 것으로 설정되는 것이다. 즉 사회 안에서 인간이 발휘하는 능력은 역설적이게도 사회로부터 배제된 자연(초월적 자연)으로부터 유래한다.[6]

따라서 초월적 자연과 내재적 자연은 하나의 쌍으로 인간 사회의 원리를 구성한다. 그것은 모두 대문자 자연(Nature)의 양면이다. 이 모순은 현대 사회에서도 그대로 반복된다. 문명 사회의 인간들은 자신들이 자연과 거리가 아주 먼 곳에 위치해 있다고 생각한다. 문명 사회는 인간이 자연으로부터 소외된 공간이다. 아주 가끔 캠핑장에 가서 자연적인 것과 근접한 무언가를 느끼고는 하겠지만 말이다. 그러나 인간이 얼마나 자연에 대해서 자주 이야기하며, 자연이 인간을 규정하도록 내버려 두는지를 생각해 보라. 우리는 퀴어의 성이 비자연적인 것이라

---

6 이에 대해서는 브뤼노 라투르, 홍철기 옮김, 『우리는 결코 근대인이었던 적이 없다』(갈무리, 2009)를 보라.

고 비난하는 목소리들을 들을 수 있다. 자연에서 가장 잘 적응한 종들만 살아남듯이 인간 사회의 경쟁 구조도 자연적 경향으로 설명된다. 우리는 여성의 몸을 자연이라는 이름으로 통제하는 가부장제나, 장애인의 몸을 자연적 규범에 적합하지 않은 것으로 보는 장애차별주의에서 이를 확인할 수 있다.

근대인들은 숲의 정령을 믿거나 동물들이 사유하는 능력이 있다고 보는 부족들을 야만적이라고 생각한다. 그들은 자연이 자신의 사회를 구성하도록 내버려두고 있다. 족장이 공동체의 중대한 문제를 결정하기 위해 산으로 들어가 늑대에게 의견을 구한다는 말을 들을 때 근대인들은 그들을 전근대적이라고 평가할 것이다. 그러나 근대는 오히려 자연이 드러나지 않는 방식으로 더 강한 규정력을 행사하도록 내버려두었다. 그렇기에

대문자 자연　　　　　　　　　　· 생태 개념어 쪽지 ·

대문자 자연(Nature)은 무수한 구성 요소로 이루어진 자연을 하나의 유기적 통일체로 설정하면서 그러한 통일체에 어떤 추상적 성격을 부여할 때 동원되는 개념이다. 따라서 이러한 개념은 '유기체'적 세계관을 반영하면서도 또한 자연을 유기체로서의 인간과 유비시키는 효과를 생산한다. 그런 점에서 '대문자 자연'은 '자연의 인격화'와도 연결된다. 즉 자연은 하나의 몸처럼 작동해 인간처럼 생로병사를 겪는 존재로 간주되는데, 그것이 우리의 일상적 언어에서 인격과 비교되어 쓰이기도 한다. 가령 '자연을 살리자', '성숙한 자연', '자연이 아파요', '자연의 죽음' 등이 그렇다.

우리는 자연을 반박하기가 어렵다. 족장이 늑대로부터 의견을 듣고 내려왔을 때, 우리는 그것을 하나의 '의견'으로 간주할 수 있을 것이다. 그러나 보이지 않는 자연으로부터 사회적 규범을 참조할 때 우리는 그것을 '의견'으로 간주할 수 없다. 그것은 '원리', '법', '원칙', '초월', '신', '필연'과 같은 것으로 우뚝 서 있게 된다.

따라서 일부 생태 담론이 자연의 귀환을 알렸을 때, 즉 인간 사회가 자연적 원리에 따라 다시 구성되어야 함을 알렸을 때, 우리는 그것을 매우 이질적이지 않은 것으로 받아들일 수 있다. 이때의 생태주의는 아주 손쉽게 기존 사회의 담론 안에 안착할 수 있다. 하지만 이렇게 생태주의가 자연을 자신의 참조물(즉 인간과 유비되는 대상)로 계속해서 지시하는 한, 생태주의는 낡고 보수적인 관점, 따라서 사회 운동의 일부에게는 상당히 해로운 관점이 될 수도 있다. 강한 확신에 차서 생명의 고유성을 강조하는 것은 여성과 퀴어들이 자신의 몸에 대해 가질 수 있는 자유를 침해하는 가부장주의와 성차별주의적 논리를 합리화하는 것이다. 그런 점에서 생태주의는 노동자 운동이 추구했던 인간에 의한 인간의 해방뿐만이 아니라 페미니즘 및 퀴어 운동이 매진했던 자연주의의 거부 역시 받아들일 수 없게 되거나 적어도 무관심하게 반응하는 태도에 머물게 된다.

이러한 생태주의의 경직성을 어떻게 넘어설 수 있을까?

자연에 대한 이러한 문제의식을 공유하는 사람들은, 그리고 적어도 자연에 대해 이야기하는 것이 여성이나 퀴어에게 다소 폭력적일 수 있다고 생각하는 사람들은 몇 가지 처방들을 제시한다. 첫 번째는 자연이 있다고 믿되, 재현하지 않는 것이다. 이것은 신을 형상화하기 시작했을 때 특정 존재로 환원되는 것을 방지하는 우상 숭배 금지의 원칙과 같다. 자연을 텅 빈 기표로 만들면 무엇이든 들어갈 수 있다. 마치 민주주의라는 기표가 텅 비어 있기 때문에 그 무엇도 민주주의라는 말로 접합할 수 있듯이, 자연이라는 기표를 누군가가 독점하지 않는 공유재로 만들어버리는 것이다. 두 번째는 자연이라는 용어를 사용하지 않는 것이다. 자연이라는 용어를 쓸 때 우리는 한계에 가로막혀 있음을 자인하는 것과 같은 것으로 보는 것이다. 그것은 현상을 기술하는 적절한 용어가 아니다. 예를 들어 당신이 텔레비전에서 호주에 산불이 나는 것을 보았다고 해보자. 당신은 무엇인가가 파괴되고 망가졌다고 생각할 것이다. 그 '무엇'은 무엇인가? 당신은 산에 사는 동물들이 파괴되었다고 생각할 수도 있고, 그 지역에 사는 마을이 파괴되었다고 생각할 수 있을 것이고, 인간에게 유용한 자원이 파괴되었다고 생각할 수도 있을 것이며, 호주의 GDP가 파괴되었다고 생각할 수도 있다. 그리고 이를 통틀어서 '자연'이 파괴되었다고 생각할 수 있을 것이다. '자연'이 파괴되었다고 생각하는 순간, 그 사태를 바라보는 우리의 관점은 지나치게 추상화되며, 구체적인 개입보다는 무엇인가가 꼭 보존되었어야 했다는 바람을 갖는 것에 그치게 된다. 말하자면 의도적으로 자연이라는 용어를 회피하면서 '자연'이라는 말의 사용으로 인해 사유가 처하게 될 막다른 골목에 다다르지 않게 하자는 것이다. 최근 정체성 운동에 대한 비판이 '여성'이나 '흑인'이 동일자의 언어이고, 다양성을 은폐한다고 말하며 그 용어의 사용 자체를 회피하고 경계하듯이 말이다.

이러한 경향을 반영하듯 최근에는 '자연'이라는 용어의 적절한 대체물이 조심스럽게 발굴되었다. 그것의 이름은 '비인간(inhuman)'이다. 이 말은 인간과 인간이 아닌 것을 완전히 구분하지 않으려는 시도 속에서 탄생했다. 동물보호 운동에서 동물 앞에 '비인간'을 붙여 '비인간 동물'이라고 부르는 것에서 이와 유사한 사고의 흐름을 발견할 수 있다. 동물을 '비인간 동물'이라고 부르는 것은 인간은 '인간 동물'이라는 의미를 내포한다. 즉 이것은 인간과 동물 사이의 간격을 최대한 좁게, 아니 그보다는 구멍이 뚫려 있게(perforated) 하려는 전략이다. 우리는 비인간 동물을 말할 때마다, 동물이라는 단어 앞에 놓여 있는 인간에 대해 생각하게 된다. 인간은 언제나 비동물로 간주되었다. 그리고 비동물의 속성으로 부여된 것과 정반대의 것을 인간다움으로 여겼다. 비동물적인 것이란, 일시적인 충동과 욕망에 구애받지 않으며, 시간과 공간 속에서 자신의 역사를 만들어갈 수 있다는 것이다. 동물에게 행위(act)란 없으며, 따라서 역사를 구성할 능력도 없다. 동물은 언제나 반복되는 끝없는 현재라는 시간 속에 갇혀 있다. 동물은 반복된 알고리즘을 통해 행동하지만, 인간은 창조주 신처럼 앞을 내다보고 계획하며 미래를 향해 달려간다는 것이다. 그리고 이 인간 역시도 매우 제한적이다. 그것은 주로 서구 백인 남성을 의미하는 것으로, 인간과 동물 사이에는 여성, 흑인, 원주민, 그리고 사이보그나 안드로이드와 같은 기계적 존재들이 배열되어 있다.

주류 생태 담론에서는 자주 이 비인간들의 존재가 놀라울 정도로 배제되어 있다. 오직 인간과 자연과의 관계만이 문제가 될 뿐이다. 이때 자연은 고도의 추상적 작용을 통해 비인간들을 어딘가에 매몰시켜 놓았다. 인간은 자연을 지배하거나 숭배하는 관계에만 놓여 있다. 인간은 자연과 등등하지 않다. 자연은 인간에 내재적이거나 초월적이다. 이것이 근대가 사회를 구성하는 방식이었으며, 근대의 헌법이었다. 이것은 명목상으로는 자연을 인간의 목적에 맞게 재구성하려는 근대인들의 야심이 반영된 규범 체계로서의 근대적 헌법이다. 그러나 자연은 그동안 그러한 헌법을 말없이 지켜보았으며, 탈근대적 사회 속에 살고 있는 우리는 오늘날 자연의 그러한 음성을 어떤 형태로든 표출해야 할 과제를 가지고 있다.

주류적 생태 담론의 최근 경향은 자연을 행위자로 두고 다시 역사를 재구성하는 것이다. 그리고 사실 인간이 자신의 행위능력에 따라 움직였다고 생각한 것의 진정한 행위자는 자연임을 보여준다. 누구보다도 학문적 월권을 탐탁지 않게 여기는 과학자들이 여기에서는 역사학자이자 사회이론가가 된다. 이들은 프랑스 혁명도, 여성 인권 운동도, 인종차별에 대한 저항도 사실 알고 보면 기후변화로 인한 곡물의 감소와 같은 것의 인과적 연쇄에 놓여 있다고 말한다. 인간은 결코 자연을 벗어날 수 없으며, 자연 바깥에서 사유할 수도 행위할 수도 없다는 것이다. 인간의 오만은 자신이 자연을 지배할 수 있다는 생각에서부터 온 것이 아니라, 더 근원적인 데 있다. 자신이 행위할 수 있다고 믿는 데에서 오는 것이다. 행위능력을 인간에게서 빼앗아가 다시 자연(기후의 흐름, 질병의 창궐, 우림의 파괴)에 돌려주는 것은 근대적 인간을 해체하는 것이기도 하지만, 근대적 인간을 신학적 인간으로 되돌려 놓는 것이기도 하다.

이와 달리 비인간을 중심으로 한 생태 담론은 행위능력을 고루 나누어준다. 행위능력은 공유재와 같은 것이다. 행위능력은 인간만이 누릴 수도, 동물만이 누릴 수도, 심지어 생명체만이 누릴 수 있는 것도 아니다. 행위능력은 어디에나 있을 수 있다. 죽었다고 간주되는 사물도 행위능력이 있을 수 있다. "테이블은 춤을 춘다."[7] 행위자연결망 이론이나 객체지향 존재론이 생태 담론에 효과적인 이유는 근대적 인간을 해체하면서 동시에 신학적으로 회귀하지 않으며, 보다 미래적이면서도 현재적인 상상을 가능하게 하기 때문이다. 그리고 행위능력을 고루 배포함으로써 인간과 비인간은 협력의 관계, 동맹 및 연대의

---

7 티머시 모턴(Timothy Morton)은 마르크스의 『자본론』의 다음의 말을 인용하면서 이를 사물이 행위능력을 발현하는 사례로 제시한다. "책상[테이블]이 상품으로 나타나자마자 초감각적인 물건으로 되어버린다. 책상은 자기의 발로 마루 위에 설 뿐만 아니라, 다른 모든 상품에 대해서 거꾸로 서기도 하며, 책상이 저절로 춤을 추기 시작한다고 말하는 경우보다 훨씬 더 기이한 망상을 자기의 나무 두뇌로부터 빚어낸다." 카를 마르크스, 김수행 옮김, 『자본론 Ⅰ (상)』(비봉출판사, 1995), 90쪽. 물론 마르크스의 이 말은 자본주의 사회가 상품의 '물신숭배'라는 환상에 빠져 있음을 지적하는 것이지만, 모턴은 역으로 오늘날 우리가 모두 자본주의 사회 속에 즉 상품들의 세계 속에 살고 있는 한에서 사물은 그만큼 더 강한 행위능력을 발휘하는 조건 속에 있음을 밝히고자 했다. 나아가 마르크스의 '상품 물신숭배' 비판은 인간의 노동과 그 노동으로부터 생산된 상품 간의 분리(즉 생산자와 소유자의 분리)에 '인간주의적 관점에서' 초점을 맞추고 있지만, 모턴은 그보다는 사물을 인간의 소유물로만 인식하고 있는 관점을 비판하면서 사물이 펼칠 수 있는 감각과 행위가 인간주의 속에서 어떻게 소외되는지에 더 관심을 둔다. "테이블이 춤출 수 있다고 사고하는 것이 상품물신숭배는 아니다. (……) 상품물신숭배는 단지 인간의 소외와 관련이 있는 것이 아니라, 우리가 방금 보았듯이 그 어떤 개체든지 간에 그 개체의 감각적인 성질들로부터 개체가 소외된 것과 관련이 있다." 티머시 모턴, 김용규 옮김, 『인류』(부산대학교출판문화원, 2021), 102쪽.

관계를 형성하는 것이 가능하다. 이것은 자연이라는 추상화를 거치지 않고, 호주의 코알라와 제3세계의 어느 농촌에 버려진 쓰레기들과 연결되게 한다.

행위자연결망 이론/객체지향 존재론 · 생태 개념어 쪽지 ·

'행위자연결망 이론(Actor-Network Theory, ANT)'은 세계의 모든 존재는 그것이 사회적인 것이든 자연적인 것이든 계속해서 변화하는 상호 관계 안에 놓여 있다는 것을 전제로 하는 이론적·방법적 접근법으로, 네트워크(연결망)가 행위의 주체이며, 이 연결망 안에는 무수한 비인간 존재가 포함되어 있다고 상정한다. 여기에 더해 ANT는 다음의 특징을 갖고 있다. "ANT는 [학문 분야들 간의] 경계넘기를 꾀한다", "ANT는 비인간[사물이나 테크놀로지]에 적극적인 역할을 부여한다", "ANT의 행위자는 네트워크이다", "네트워크 건설 과정이 번역이며, 번역을 이해하는 것이 ANT의 핵심이다", "ANT의 '사물의 정치'는 민주주의를 위해 열려 있다" 등. 이에 대해서는 브뤼노 라투르 외, 홍성욱 엮음, 『인간·사물·동맹』(이음, 2010), 17-35쪽을 보라.

객체지향 존재론(Object-Oriented Ontology, OOO)은 모든 객체들을 그것이 인간이든, 비인간이든, 자연적이든, 문화적이든, 실제적이든 또는 공상적이든 동등하게 취급해야 한다는 관점에서 출발해, 객체들은 그것들이 가진 성질들과 동일하지 않지만, 그 성질들과 긴장 관계를 가지며, 바로 이러한 긴장이 세계에서 발생하는 모든 변화의 원인이라는 주장을 제기한다. 이에 대해서는 그레이엄 하먼, 주대중 옮김, 『쿼드러플 오브젝트』(현실문화, 2019)를 보라. 여기에 덧붙여 티머시 모턴은 객체지향 존재론과 생태주의의 관계를 이렇게 설명한다. "나는 우리가 생태에 대해 더 많이 알게 된 이 시대에 객체지향 존재론이 무척 유용하다고 생각한다. 그 이유 중 하나는 생각, 특히 인간의 생각을 사물이 무엇인지 정확하게 이해하는 특별한 종류의 접근 방식으로 여기지 않기 때문이다. 객체지향 존재론은 인간이 의미와 권력(그리고 기타 등등)의 중심이라고 주장하는 인간중심주의를 포기하려 한다. 이는 다른 생명체의 중요성을 적어도 인식해야 하는 시대에 유용하다." 티머시 모턴, 김태한 옮김, 『생태적 삶』(앨피, 2023), 49쪽.

4 애니미즘적 자연과 공생적 실재

우리가 에코페미니즘을 통해 알 수 있는 것 중 하나는 근대 서구 세계에서는 자연을 통한 지배와 자연에 대한 지배가 동시에 이루어졌다는 것이다. 앞서 언급했듯 인간은 자연의 역동적 측면 가운데 법칙적인 것만을 추출했는데, 즉 인간 이성에 부합하고, 뉴턴 역학과 같은 법에 따라 움직이는 자연만이 자연적인 것으로 남게 되었다. 이때의 자연은 자연법이라는 이름으로 인간 사회에 대한 구성적 원리로 작용했다. 법칙에 따르지 않는 자연, 즉 기이하고 신비로우며 인간 이성의 능력으로 알 수 없는 힘을 가진 자연은 미신적인 것, 상상적이거나 환상적인 것, 또는 악마적인 것으로 여겨졌다.

이를 직접적으로 보여주는 사건이 마녀사냥이었다. 마녀사냥에 대한 해석은 다양한데, 수세에 몰린 기독교적 세계관이 자신의 위력을 펼쳐보이려고 했다는 정치적 해석, 또는 인류가 때때로 파시즘이나 나치즘과 같은 전체주의의 광기에 빠지는 것과 마찬가지의 집단 광기라는 해석, 또는 여성 혐오의 발로나 여성 신체에 대한 가부장제 권력의 구속 등이 이에 해당한다. 이에 대해 실비아 페데리치(Silvia Federici)는 마녀사냥을 푸코가 제시한 근대적 훈육 권력의 작동이자 시초 축적이 일어난 또 다른 현장이었다는 해석을 제시한다.

이러한 해석에 따르면 여성 신체와 자연(특히 토지)은 밀접한 유비 관계를 형성한다. 여성들의 삶은 공유지에 특히 의존적이었는데, 도시 노동자로 편입되는 데 있어 남성들보다 불리한 조건에 놓여 있었던 여성들은 공유지를 지키기 위해 보다 더 투쟁적이었다. 또한 자연과의 직접적인 관계를 통해 여성들이 체득하고 구술적으로 전파하는 지식(약초술, 동물을 길들이는 법, 자연적 피임이나 낙태술)은 악마적인 것으로 간주되었다. 이는 지식이 있는 여성들이 마녀로 몰리는 이유로, 동물로 변신하여 농지를 파괴한다든지, 어린아이를 죽이는 힘을 발휘했다든지, 또는 요행을 통해 죽을 만한 사람을 살려냈다든지와 같은 혐의를 받았다는 데에서도 알 수 있다.

그렇다면 인류의 역사에서 지속적으로 반복되며 등장하면서도 신학적 전통과 자본주의적 시초 축적 과정에서 파괴된 이러한 애니미즘적 사유의 실체는 무엇인가? 아마존, 시베리아, 오스트레일리아 등의 원주민에 대한 인류학적인 연구에서는 그들이 사물들을 바라보는 관점 및 우주관의 공통적인 부분을 애니미즘이라고 불렀다. 이들은 기독교나 서구 형이상학에서 모든 존재들에게는 영혼의 차이가 있으며, 이 차이에 따라 존재 간 위계가 존재한다고 전제하며, 이성적 인간을 사물의 진리에 접근할 수 있는 가장 고귀한 영혼을 가진 것으로 여기는 존재론을 가지는 반면, 애니미즘의 존재론에서는 인간과 비인간 사물들 사이에 존재론적인 차이는 영혼이 아니라 신체라는 물질성에 있다.

이는 에두아르두 비베이루스 지 카스트루(Eduardo Viveiros de Castro)가 제시하는 민족지 사례에서 분명히 나타난다. 16세기 안티야스 제도에서 에스파냐인과 아마존 인디언이 마주쳤을 때, 두 집단은 타자가 '인간'인지를 각자의 방식으로 실험했다. 영혼의 차이와 위계를 중시하는 서구인들과 달리 아마존 인디언들은 포획한 '백인들'을 익사시켜 그들도 부패하는 몸을 지니고 있는지를 실험했다. 영혼은 어차피 소통될 것이기에 물질적 차이, 즉 몸이 있는지 없는지를 실험한 것이다.[8]

비베이루스 지 카스트루에 따르면, 아마존에서 모든 존재는 원래 인간이었으나, 몸에서 비롯되는 '감응력'으로 인해 동식물이나 인간은 각자 다른 몸을 갖게 되는 것이다. 육체가 없다면, 그것은 정령일 뿐이고, 육체가 있다면, 동물이나 식물일지라도 인격을 지니고 있는 것이다. 아마존 원주민의 신화에서는 재규어도 스스로를 인간이라고 생각하고, 축제 중 맥주를

---

8 이에 대해서는 에두아르두 비베이루스 지 카스트루, 박이대승·박수경 옮김, 『식인의 형이상학』(후마니타스, 2018), 그중에서 특히 8장 「포식의 형이상학」, 169-186쪽을 보라.

마신다. 재규어는 축제와 음주 문화를 즐기는 인격을 지니고 있고, 그 나름의 자연 속에 살고 있다. 비베이루스 지 카스트루는 '비서구 전근대'의 타자들의 존재론을 믿음, 비이성 혹은 문화의 영역에 가두는 일을 그만두라고 경고하며, 존재들 간의 위계를 설정하는 서구 형이상학적 존재론에서 탈피하기를 주장한다.

이러한 애니미즘[9]은 비인간적 사물들에게도 '목소리'를 부여한다는 점에서 현대의 생태 담론과 공명하는 점이 있다. 그러나 여전히 서구 형이상학적 존재론의 관점에서 자연에게 목소리를 부여한다면 이때의 자연은 대문자 자연으로서 인간에게 특별히 '이성'이라는 고귀한 영혼을 부여한 신학적 모델을 토대로 한 자연일 것이다. 그리고 애니미즘은 인간과 자연의 관계를 재설정하는 문제뿐 아니라 탈식민주의적 학문(자연과학을 포함하여)을 하는 데 있어서도 주요한 이론적 토대가 될 수 있다. 우리나라를 비롯한 일본과 중국에서는 사물과 인간이 감응

---

9 이강원은 새로 발굴되어 재배치되는 애니미즘에 대해 다음과 같이 요약한다. (1) 애니미즘의 존재론에서는 비인간에게도 스스로를 인간으로 생각하고 행동하는 인격이 있다. (2) 존재들은 각자 나름의 인격을 지니고 있으므로 각자의 관점에 따라 다른 자연 속에 거주한다. (3) 과학적 인류학은 애니미스트와 내추럴리스트를 포괄하는 다자연주의의 지향을 따른다. (4) 탈식민주의 해방은 현실 정치와 경제적 해방을 넘어서 이러한 존재론의 해방까지 포함한다. 이에 대해서는 이강원, 「테크노애니미즘: 일본 기술과학 실천 속 사물의 생기」,《일본학보》125, 2020, 71-91쪽을 보라.

하는 능력을 특별히 중요시했던 애니미즘적 관습들이 존재한다. '근대화'라는 이름의 '문명화' 속에서 파괴된 것들 중에는 이러한 자연과의 감응력도 포함되어 있다.

5 애니미즘적 사유의 생태 저항 운동

우리는 현재의 생태 저항 운동에서 발견되는 공통의 특징들에 대해 주목할 필요가 있다. 생태 운동사에서 대표적인 사례들을 살펴보자면, 먼저 2003년 경부고속전철 공사 과정에서 천성산이 필연적으로 파괴될 수밖에 없는 상황에서 '도롱뇽과 그의 친구들' 및 천성산의 '내원사와 미타암'이 원고가 되어

천성산 도롱뇽 사건　　　　　　　　　　·생태 개념어 쪽지·

'천성산 도롱뇽 사건'은 2003년 '도롱뇽의 친구들'이라는 환경 운동 단체가 경상남도 양산시 천성산에 사는 도롱뇽을 원고로 내세워 경부고속철도 공사 중지 가처분 소송을 낸 사건을 말한다. KTX 개설 공사로 천성산 도롱뇽 서식지인 화엄늪이 사라질 수 있다며 지율 스님이 100일에 달하는 단식을 벌였으며 이후 도롱뇽을 원고로 하는 소송까지 진행되면서 공사를 일시적으로 중단시키기도 했다. 대법원은 2006년 6월 2일 고속철도 터널 공사가 환경에 큰 영향을 미치지 않는 것으로 조사되어, 공사 중단 이유가 없다고 판결했다. 또한 대법원은 소송 대상자인 '도롱뇽'의 지위를, 사건을 수행할 당사자 능력이 없는 자연물로 규정해 소송 대상자로 인정하지 않았다.

한국철도시설공단을 피고로 진행된 소송이 있었다. '도롱뇽과 그의 친구들'은 소송이 진행되는 과정에서 도롱뇽에게 인격을 부여한 바 있다.

> 우리 도롱뇽과(科)에는 3속(屬) 3종(種)이 있습니다. 개구리도 우리 핏줄이지요. 천성산에 그 친척이 많이 살고 있습니다. 조상 대대로 살아온 고향입니다. 그런데 우리 동네를 관통하는 터널을 뚫겠다고 그러는 겁니다. 그 많은 식구들이 이사 갈 데가 없습니다.[10]

그러나 '천성산 살리기' 또는 '천성산 문제'는 '지율 스님 살리기'로 굴곡되어 버렸다.[11] 여기에서 왜곡되는 것은 파괴되는 천성산과 도롱뇽인데, 직접적인 문제 당사자들보다는 다시 인간의 문제로 논의가 축소·환원됨으로써, '도롱뇽과 그의 친구들'이 소송에서 제기한 "이사갈 데 없는 도롱뇽 식구들"의 문제가 우리의 시야에서 사라지게 되었기 때문이다. 이처럼 생

---

10 「도롱뇽과 그의 친구들」,《문화일보》2003년 11월 8일자.
11 홍윤기,「우리 사회와 국가는 천성산과 뜻 통하기에 성공했는가: 하버마스 논변이론으로부터 보편화 가능성 요인의 추출과 자연의 권리 이론 및 당사자 적격론에 입각한 생태적 의사소통 형태의 개발 가능성」,《사회와 철학》10(10), 2005, 331쪽.

태 저항 운동에서 반복적으로 드러나는 애니미즘의 사유는 왜곡되어 버리거나 조롱 및 비하의 대상이 되기도 한다.

이것은 강정마을의 구럼비 바위 발파를 둘러싼 저항 운동을 해석하는 과정에서도 나타났다. 제주도 강정마을의 사람들은 구럼비 바위를 옛날부터 자신들을 보살펴주는 것으로 여겼다. 그러한 구럼비 바위가 발파되는 것은 그들에게 커다란 상실감을 가져오고, 발파되는 순간에는 모두들 구럼비 바위와 작별하고자 모여들었다.[12] 그러나 강정마을 사람들은 구럼비 바위를 살아 있는 존재처럼 소중히 여기는 반면, 발파를 진행하는 사람들에게 바위는 흔하게 널리고 깔린 것에 불과했다. 정부와 해군에게 구럼비 바위의 가치는 자연 안에 혼재되어 있는 정동으로 파악되기보다는, '세계문화유산 등재'와 같이 외양적 가치 평가의 대상으로만 접근되었고 결국 이 바위는 특이한 게 없는 돌덩이에 불과한 것으로 판단되어 파괴되는 결과를 맞이했다. 하지만 자연 안에 깃든 정동은 쉽사리 사라지는 것은 아니다. 구럼비가 발파될 때 슬픔의 정동을 공유했던 사람들은 10여 년이 지난 지금에도 구럼비를 기억하고 추모하는 일을 멈추지 않기 때문이다.[13]

---

12 고승민, 「작별인사하려는 구럼비에게 희망의 손길을」, 《황해문화》 75, 2012, 217쪽.

13 「'너도 걷자 구럼비'…강정마을서 구럼비 발파 9주기 추모행사 열려」, 《헤드라인제주》,

생태 저항 운동의 이와 같은 사례들은 생태적 사유 속에 자연물에 대한 정동이 동반되고 있음을 보여준다. 이들에게서는 도롱뇽뿐만이 아니라 바위와 같은 사물들도 살아 있고, 느끼고/느껴지고, 심지어 스스로 사유하는 존재들로 이해되는 것이다. 그러나 이러한 애니미즘적 사유들에 대해 현대 언론과 정치인들은 비합리적인 것으로 일축해 버린다. 그리고 그 바탕에는 이러한 자연물들은 '세계문화유산 등재'나 환경영향평가와 같은 기준을 충족하지 못한 것이라면 어떤 가치를 지니지 못하고 파괴되어도(또는 죽여도 되는) 것으로 간주하는 인간중심주의가 깔려 있다.

6 자연의 탈자연화: 에코섹슈얼리티

자연물을 하객으로 초대하고 자연에게 사랑의 맹세를 하는 결혼식 퍼포먼스로 화제가 된 엘리자베스 스티븐스(Elizabeth Stephens)와 애니 스프링클(Annie Sprinkle)의 에코섹슈얼리티는 자연과 연인 관계를 맺는 것을 상상한다. 자연 자체를 살아 있는

2021년 3월 7일.

대상으로 본 가이아 이론의 영향을 받았지만 자연을 어머니가 아닌 연인으로 대하며 존중할 것을 요청한다. 이들의 주장에 의하면 자연을 어머니로 바라보는 것은 이미 자연과 우리 사이에 위계를 설정하는 것이며 착취를 정당화한다. 자연을 아이에게 무엇이든지 베푸는 어머니로 상상하며 우리가 자연을 상처받게 하더라도 자연은 어머니처럼 이해해 줄 것이라고 상상한다는 것이다. 그러나 연인으로서의 자연은 우리와 상호적이다. 연인 관계에서는 한 사람이 상대방에게 일방적으로 사랑을 베풀 수 없다. 연인과의 사랑은 서로 애정을 주고받는 과정에서 깊어지듯이, 우리가 자연이라는 연인에게 받은 것이 있으면, 받은 만큼 우리 또한 자연에게 주어야 한다.

에코섹슈얼리티　　　　　　　　　　　　· 생태 개념어 쪽지 ·

'에코 섹슈얼리티'를 제기하는 입장은 인간과 자연과의 에로틱한 관계가 가능하다는 주장을 펼친다. 이러한 에로틱한 관계는 재생산(생식)을 중심에 두는 인간중심주의적 섹스나 성적 쾌락이 특정한 성 기관에 집중되어 있다는 발상에서 벗어나, 에로틱함은 여러 가지 색다른 형태를 띠면서 구성될 수 있다는 가정하에서 수립될 수 있다. 여기에는 만짐과 만져짐의 촉각적 관계, 다른 형태의 언어를 생성하는 음성적 관계(가령 이것은 소음을 들려준 식물과 애정 어린 음성을 들려준 식물의 다른 생장 방식으로도 그 효과가 나타나기도 한다), 새롭게 만들어지는 자연물을 향한 춤과 의례 등을 통해 자연과 인간의 관계를 금욕적이지 않은 방식으로 재수립하고자 하는 노력이 동반된다.

에코섹슈얼리티는 또한 기존의 환경 운동이 도덕적 태도를 강조하거나 환경 파괴 요소들에 맞서 싸우는 것에 집중하면서 섹슈얼리티를 배제하고, 금욕주의적 성향을 가지면서 사람들을 유혹하지 못했다는 문제의식을 가지고 있다. 이들에게 대안적인 환경 운동은 욕망을 금지하는 것이 아니라 욕망을 일으켜야 한다. 그리고 무엇보다도 퀴어적이어야 한다. 이들 에코섹슈얼들은 자연이 얼마나 외설적인지를 보라고 한다. 꽃은 식물의 성기이다. 식물은 자신의 성기를 활짝 열어 보여주는 노출증자이다. 우리는 동물들이 때때로 난교적이라는 것을 알고 있다. 지렁이, 땅벌레들은 간성(intersex)적이며, 동시에 동성애적이다.

고대인들의 상상 속에서 동물들은 매우 난잡했다. 그리고 이 동물들의 난잡함으로부터 인간을 분리함으로써 인간의 올바른 성을 정립하고자 했다. 기독교적 성 윤리를 정립하고자 했던 클레멘스(Clemens)에 의하면, 하이에나는 양성을 갖고 있어서 격년으로 수컷과 암컷의 역할을 번갈아 한다. 또한 산토끼는 해마다 보조 항문이 생겨서 나중에는 여러 개로 늘어난 항문으로 가장 나쁜 짓을 하는 동물이다.[14] 흥미롭게도 이들 동

---

14 미셸 푸코, 오생근 옮김, 『성의 역사 4: 육체의 고백』(나남출판, 2019), 55쪽.

물들은 반(反)자연적이다. 자연의 로고스에 의하면 남자와 여자는 구별된 것이고 또한 그렇게 구별된 상태로 있어야 하는 것이다. 우리는 이미 여기에서 자연이라는 개념이 반퀴어적으로, 그리고 인간중심적으로, 그리고 인간성 및 섹슈얼리티를 규제하기 위한 방식으로 구성되었다는 점을 알 수 있다.

우리는 왜 좀처럼 자연을 성적인 것으로 보지 못하는가? 그것은 인간의 사유 속에서 자연을 미리부터 비성애화된 존재로 그려냈기 때문이다. 하지만 앞서 언급했듯 애니미즘적 자연관 혹은 에코섹슈얼리티의 관점에서는 자연과 인간이 에로틱한 관계를 맺을 수 있음을 보여준다.

> 마녀재판에서는 나이와 무관하게 여성의 섹슈얼리티를 꾸준히 수간과 동일시했다. 염소신과의 동거, 악명 높은 꼬리 아래 입 맞추기는 이를 암시한다. 또한 마녀가 데리고 다니는 여러 동물들이 이들의 범죄 행각을 도와주고 이들과 특히 친밀한 관계를 즐긴다는 혐의 역시 이를 여성의 섹슈얼리티와 수간을 은연중에 동일시한다. 마녀들이 특수한 젖꼭지로 젖을 먹이며 돌본다는 동물에는 고양이, 개, 토끼, 개구리가 있다.[15]

---

15 실비아 페데리치, 황성원·김민철 옮김, 『캘리번과 마녀』(갈무리, 2011), 287쪽.

이처럼 애니미즘적 자연관은 서양 문명사 전체를 관통하는 로고스적 자연관과 대립하는데, 그렇기에 중세에서 근대 초입에 이르는 시기에 남성 신학자들은 이러한 퀴어적이고 쾌락적인 애니미즘적 자연관을 철저하게 소각하고 삭제하고자 했다. 그러한 자연관을 가진 여성들을 마녀로 몰아 화형에 처할 때, 그것은 단순히 인격체로서의 여성들에 대한 공격만이 아니라 그녀들이 공유하던 세계관에 대한 응징과 처벌을 가하고자 했던 것이다.

만약 생태 담론과 퀴어 운동을 연결할 수 있는 자연 개념이 있다면, 그것은 로고스적인 자연이 아니라 바로 이처럼 생동적인 애니미즘적 자연관일 것이다. 그리고 이것은 자연의 탈자연화를 요구한다. 자연이라는 본질은 존재하지 않는다. 존재하는 모든 것은 자연물이며, 우리는 그것들의 관계 속에서 자연을 재구성해 낼 수 있는 것이다.

Beyond the
Conflict between
Fundamentalist and
Realist in Ecological
Movements

2장

———

근본파와 현실파의 논쟁

생태주의를 올바르게 이해하기 위해서는 생태주의의 주요 논의들을 따라가 볼 필요가 있다. 이를 위해 생태주의를 특정 흐름에 따라 분류해 보는 방식은 유용하다. 그리고 그러한 분류 자체가 생태주의를 이해하는 하나의 방식으로 기능하기도 할 것이다. 생태주의를 구분하는 방법은 여러 방식이 존재한다. 가령 앤드루 돕슨(Andrew Dobson)은 생태주의를 세 가지 관점, 즉 보수적 자연주의, 개혁적 환경주의, 근본적 생태주의로 구분하기도 하며, 옅은 녹색과 짙은 녹색으로 구분하기도 한다. 로빈 에커슬리(Robyn Eckersley)는 인간중심적 생태주의, 생태 중심적 생태주의로, 마틴 루이스(Martin W. Lewis)는 온건주의자와 급진주의자로 구분하며, 아르네 네스(Arne Næss)는 심층생태주의와 얕은 생태주의로, 머레이 북친(Murray Bookchin)은 환경주의와 사회생태주의로 구분한다.[1] 이러한 구분법에서 드러나는 대체적인 공통점은 생태주의를 두 개의 대립하는 경향—그것이 '깊은 것'과 '얕은 것'으로 구분되든지, '옅은 것'과 '짙은 것'으로 구분되든지—을 가지고 있다는 것이다.

그러나 이러한 이항 대립적인 설정 자체는 생태주의의 성격을 이접(disjunction)에 따라 '이것이냐, 저것이냐'라는 배리(背理)의 논리로 이끈다. 동시에 이처럼 현실에서의 n차원의 다양체에 직면해 있는 생태주의가 아닌 이분법으로 단순화된 생태주의는 복잡한 사회 현실을 설명해 내지 못할 뿐만 아니라 현실적으로 실행되기 어려운 극도로 추상화된 이념에 머물 수밖에 없다. 그렇기 때문에 근본파와 현실파 사이에는 n분절의 다양한 생태주의가 배치되어 있다는 점을 염두에 둘 필요가 있으며, 그런 가운데 색다른 생태주의로서의 퀴어 생태주의를 이해할 단초를 마련할 수 있다. 퀴어생태주의는 n분절의 스펙트

---

1 이에 대해서는 각각 앤드루 돕슨, 정용화 옮김, 『녹색정치사상』(민음사, 1998); Robyn Eckersley, *Environmentalism and Political Theory: Toward an Ecocentric Approach*(State University of New York Press, 1992); Martin W. Lewis, *Green Delusions: An Environmentalist Critique of Radical Environmentalism*(Duke University Press, 1992); Arne Næss, "The shallow and the deep, long-range ecology movement: a summary", *Inquiry: An Interdisciplinary Journal of Philosophy* 16(1-4), 1973, pp. 95-100; 머레이 북친, 문순홍 옮김, 『사회 생태론의 철학』(솔출판사, 1997)을 보라.

럼의 방법론을 통해서, 그것에 대해서 "-은 -이다"라고 정의 내리는 방법이 아니라, 다양한 선택지 중 하나라는 방식으로 현실을 설명한다. 다시 말해서 정의 내려진 하나하나의 모음과 모임으로만 규정할 수 없는 잠재적 현실로서의 생태주의적 스펙트럼은 그저 가상적인 형태로 이해되는 것이 아니라 현실의 모습을 그 자체로 드러내는 현실적 형태로 긍정될 수 있다.

생태주의를 이항 대립적 흐름으로 이해할 때 문제는 생태주의의 대안을 단조롭게 "생태 위기에 직면하여 인류는 어디까지 변화해야 하는 것인가?"에서만 찾게 된다는 점이다. 그 결과 한편에서는 현재의 인간 사회 질서를 보존하면서, 가령 민주주의적인 절차와 과학적이고 합리적인 방식으로 생태 위기를 극복할 수 있다고 생각하는 입장이 존재하며, 다른 한편에서는 생태 위기에 직면하여 인간이 현재까지 세계를 이해하는 방식, 존재자들과 관계 맺는 방식을 근본적으로 변혁해야 한다는 입장으로 나뉜다. 다시 말해서 시민들의 합리성에 호소하는가, 공동체의 생태 영성에 호소하는가에 따라 그 이분법은 갈라질 수도 있다. 또 제도주의냐 자연주의냐에 따라 갈라질 수도 있는 것이다. 문제는 오늘날과 같은 임박한 생태 위기 앞에서 이 두 부분의 문제의식 자체는 어떤 선택지도 긍정하기 힘든 딜레마 상황으로 귀결된다는 점에 있다. 즉 한쪽에는 기술적 탈탄소화가 현실에서 실현 가능하다고 보면서 허위적인 낙관주의를 유포하는 환경관리주의라는 카리브디스가, 다른 쪽에는 모든 것을 포기하는 지나친 비관론에 휩싸이거나 기껏 해야 개인적 실천을 통해 문명 자체가 전환될 수 있다는 식의 실현 불가능한 이념을 제기하는 근본 생태주의라는 스킬라가 있는 막다른 골목에 이른다는 것이다. 그러나 현실은 복잡계이 기 때문에, 이항 대립적인 방법을 적용하여 설명력을 높일 수 있는 것이 아니다. 만약 임의로 나누어본다면 원칙에 충실한 근본파와 현실 논리에 충실한 현실파로 나누어볼 수 있겠지만, 그 사이에는 n분절의 다양한 과정형적이고 진행형적인 다채 로운 재특이화 과정이 내재해 있는 것이다. 또한 원칙에 충실 하면서도 현실에 유능한 운동이 되는 것은 매우 필요한 사항이 며, 굳이 둘을 갈라치기 해서 이념적으로 투쟁과 반목을 할 필 요가 없다는 점이 드러난다.

그러나 앞서 말했던 근본파와 현실파의 차이와 이항 분립 은 단지 사유의 영역 속에서만 출현하는 경향은 아니다. 현실 정치 영역에서도 생태 운동의 두 가지 대립적 경향이 보다 극 적이면서도 역동적으로 드러난 적이 있는데, 그것은 바로 독일 녹색당의 근본파(fundis)와 현실파(realo)의 대립이다. 근본파와 현실파의 이러한 대립을 단지 조직력이 약한 신생 정당에서 벌어진 당 내부적 연합을 둘러싼 일시적 갈등으로 이해한다면, 우리는 그 이후에도 갈등이 남아 현재의 생태 위기 속에서 경쟁적·갈등적으로 드러나는 세계 인식의 차이를 올바르게 파악하기 어려울 것이다. 그리고 이와 유사한 대립의 양상이 지난 수년간 생태 운동 및 생태 사상에서도 반복적으로 출현했다는 점은 이 두 입장이 단지 역사적으로 벌어진 흘러간 갈등에 그치지 않고, 그 이후부터 현재에 이르기까지, 그리고 또한 현재부터 먼 미래까지 이어질 어떤 갈등을 규정할 수 있는 요소를 포함한다고 예측할 수도 있을 것이다.

우리는 사회적 질서를 보존하면서 생태 위기에 대응하려는 보다 합리주의적이고 과학주의적 입장과 생태 위기를 인간의 존재론적 문제로 위치시키는 입장으로 크게 구분하고 이에 따라 생태주의를 근본파와 현실파로 나누어 그 흐름을 이해하고자 한다. 그리고 이것은 기이한 연합을 형성하도록 만든다. 가령 머레이 북친은 아르네 네스와 알도 레오폴드(Aldo Leopold)와 같은 심층생태주의를 비판하며 거리를 두지만, 그 역시 생태 위기로부터 인간 사회를 개혁해야 한다는 생각을 공유한다는 점에서 보다 근본파적인 입장에 가깝다고 할 수 있는 것이다. 이 장에서는 생태주의를 근본파와 현실파로 나눌 수 있는 근거를 다루되 그것을 현실파적인 흐름과 근본파적인 흐름으로,

병렬적으로 나열하는 방식으로 이야기를 이어가고자 한다. 그리고 우리는 근본파 안에서 근본파를 비판적으로 바라볼 것이며, 생태 위기에 직면하여 우리가 정립해야 할 세계 질서에 대한 관점의 방향을 제시하는 것으로 마무리하고자 한다.

1 녹색당 운동에서의 근본파와 현실파의 대립 지점

사회 운동은 특정 사건에 직면하여 분화되는 경우가 있으며, 하나의 느슨한 연대체로 구성되었던 운동적 입장이 시간이 흐르면서 그 내부에서 대립적 갈등의 양상을 띠게 된다. 이러한 사태 속에서 갈등, 분열, 긴장, 모순과 같은 것을 보며 가슴 아파할 수도 있겠지만, 이것은 또한 생태주의 사상이 보다 뚜렷하고 분명해지며 급진화할 수 있는 계기를 제공하기도 한다. 우리는 그러한 면모를 녹색당 운동에서 발견할 수 있다. 1973년 3월 프랑크푸르트 근교에서 열린 창당대회를 통해 '보다 나은 정치 단체-녹색당'(이하 녹색당)이 창당되었다. 녹색당은 생태주의자뿐 아니라 여성 해방론자, 제3세계 운동가 등으로부터 당원들을 확보했으며, 좌파 운동에 몸을 담았다가 녹색 정치로 전이한 사람들도 다수 포함되어 있었다. 이러한 녹색당의 혼종적 구성성은 「동맹90/녹색당 기본 강령」에도 나타나 있다.

> 우리는 이데올로기가 아니라 일련의 여러 가치에 의해 통합되고 결합되어 있다. 동맹90/녹색당은 다양한 뿌리로부터 하나로 성장했다. 생태학의 정당으로서 우리는 좌파 전통, 가치보수 전통 그리고 법치적 자유주의 전통도 받아들였다. 여성운동, 평화 운동 그리고 독일민주공화국(동독) 당시의 인권 운동이 우리 당의 성격을 만들었다. 동독과 서독에서 기독교인이 동맹90/녹색당의 발전에 적극적으로 참여했다.[2]

녹색당의 이러한 연합은 이후 독일 내에서 가장 큰 좌파 정당인 사회민주당과의 연합으로도 이어진다.

하지만 사회민주당과의 연합은 오늘날에 이르기까지도 녹색당원들 사이에서 지속적으로 논쟁되고 있는 것인데, 이는 '3만 명의 당원을 가진 소규모 정당인 녹색당이 과연 거대 정당인 사회민주당과 동등하게 연립정부를 형성할 수 있는가'에 있다. 이렇게 사회민주당과의 연립정부 형성에 의해 그들 입장의

---

2 김정로·전종덕, 『독일 녹색당/좌파당 강령집』(백산서당, 2018), 26쪽, 일부 표현 수정.

순수성이 손상되고, 궁극적으로는 애초에 가진 이념이 파괴될 것으로 간주한 녹색당원들이 있었는데, 그들을 일컬어 이른바 '근본주의자(Fundis)'(혹은 근본주의자 분파/근본파)라 부른다. 반면에 통상적으로 특수한 조건과 더불어 사회민주당과의 연립을 지지하는 사람들을 '현실주의자(Realos)'(혹은 현실주의자 분파/현실파)라고 부른다.[3]

생태학을 정치적 이데올로기로서 다루는 데에는 많은 문제가 있다. 우리는 이 문제들을 요약하고 각각을 차례대로 다룰 것이다. 첫째, 생태 운동에 참여하는 많은 사람들이 생태학은 이데올로기에 속하지 않는다고 생각한다. 즉 생태학은 이데올로기를 초월하고 전통적인 정치적 논쟁 영역 바깥에 있다는 것이다. 가령 생태학은 자유주의나 사회주의와 같은 방식으로 취급될 수 없다는 것이다. 둘째, 생태학의 세 가지 주요 요소인 생태 철학, 생태학의 정치 이데올로기, 생태적 정치 실천은 긴장 관계에 놓여 있다. 마지막으로 전체 생태 운동 내에는 다양한 이론과 실천이 있다. 녹색 운동 내에서 많은 사람들이 자주 사용하는 슬로건 중 하나는 '왼쪽도 오른쪽도 아닌 전진'이다.

필립 로우와 제인 고이더(Philip Lowe and Jane Goyder)에 따르

---

3 이를 자세히 소개한 것으로, 유진숙, 「독일 녹색당 조직 개혁과 민주주의 담론: 직접민주주의와 대의민주주의 간의 긴장」, 《21세기 정치학회보》 22(2), 2012, 129-152쪽을 보라.

면 환경 단체가 새롭게 등장한 시기는 각각 1890년대, 1920년대 후반, 1950년대 후반, 1970년대 초반인데, 이것이 세계 경기 순환에서 확인되는 경기 변동(호황에서 불황으로의 급격한 변동)의 결정적인 시기와 나란히 놓이는 것은 우연이 아니다.[4] 그 이유는 다음과 같다. 첫째, 경제적 번영을 통해 사회의 물질적 필요가 충족되면 사람들은 번영의 대가에 대한 우려를 표명하기 마련이다. 둘째, 사람들은 자연 환경 속에서 여가를 즐기면서 자연 환경의 문제에 대해 관심을 가지기 시작한다. 따라서 사람들이 환경에 대해 경각심을 가지기 위해서는 많은 여가 시간, 높은 교육 수준 및 재정적 안정이 갖춰져야 하는 것이다.

또 다른 연구에 의하면 생태적 불안을 표출하는 사람들이 대부분 산업화 주변에 있는 사회 계층에 속하며, 일반적으로 전문 서비스 부문(가령 학자, 교사, 예술가, 배우, 성직자, 사회 복지사)에 해당하고, 특히 중산층에 속한다. 따라서 생태학에 대한 관심은 산업 경제의 성장과 그에 따른 직종의 변화와 관련 있다. 역설적인 것은 경제 성장이 풍요로운 교육 서비스의 발전을 촉진하면서 동시에 환경을 파괴하고 오염시킨다는 것이다. 이러한 사회학적·경제학적 관점에서 보면 생태학의 진정한 본질은 산

---

4 이에 대해서는 Philip Lowe and Jane Goyder, *Environmental Groups in Politics*(HarperCollins Publishers Ltd, 1983)를 보라.

업화에 따른 경제적·계급적·직업적 변화와 깊은 관련이 있다.

또 다른 난처한 문제는 생태 철학과 생태학의 정치적 이데올로기 및 정치적 실천과 관계가 있다. 앤드루 돕슨에 의하면 생태 정치는 생태 철학의 기본 규칙을 따르지 않는다. 종종 생태 철학과 생태 정치는 서로를 막연하게 인식하는 것처럼 보인다. 이것은 자유주의, 사회주의, 보수주의와 같은 다른 이데올로기의 영역에서는 보기 드문 일이다.

세 번째 문제는 생태학 내의 다양성에 관한 것이다. 많은 생태학자들이 생물권에서의 종의 '다양성'의 가치를 인정하는 반면에 생태학 내에서의 다양성에 대해서는 달가워하지 않는다. 생태 운동에는 다른 진부한 사상 체계와의 접촉으로 인해 더럽혀지지 않은 이데올로기적 순수성에 대한 강력한 열망을 가지고 있는 것이다.

2 한국에서의 녹색당 강령 전문의 성격

녹색당 강령 전문

"우리는 '녹색당'이라는 작은 씨앗입니다. 이 씨앗을 싹틔워 인류가 지구별의 뭇 생명들과 춤추고 노래하는 초록빛 세상을 만들려고 합니다. 우리는 작은 도토리 하나가 만드는 떡갈나무 혁명이며, 여러 무늬와 색깔을 가진 자유로운 사람들의 연합입니다. 우리는 지구별의 생명을 지키는 지구의 아이들입니다. 우리는 정의롭고 평화로운 세상으로 향하는 나침반이자 등대이며, 녹색 전환의 씨앗을 심는 농부입니다. 우리는 보이는 것과 함께, 공기의 순환이나 에너지의 흐름, 그리고 생명의 고동처럼 보이지 않는 것들의 변화를 중요하게 여깁니다.

우리는 공동체 돌봄과 살림경제, 협동과 연대의 경제 속에서 대안을 발견합니다. 우리는 성장과 물신주의, 경제 지상주의를 넘어서는 정당이며, 화석연료와 핵에너지를 넘어선 태양과 바람의 정당, 문명사적 전환을 만드는 녹색정당, 반정당의 정당입니다. 따라서 우리의 대안정치는 기성정당과 같을 수 없습니다.

우리는 보편적 인권을 넘어 생활정치 · 다양성 정치 · 녹색정치를 통해 소수자와 생명과 자연을 옹호합니다. 우리는 고난과 어려움 속에서도 웃음과 낙관을 잃지 않으며, 비폭력과 평화의 힘을 통해 세상을 바꿀 것입니다. 우리는 세계 녹색당과 함께 지구 곳곳에서 녹색전환을 실현할 것이며, 이 길에 당신을 초대합니다."

한국의 녹색당 강령 전문은 "우리는 '녹색당'이라는 작은 씨앗입니다"로 시작한다. 이 구절은 뿌리도 아니고 줄기도 아니고 열매도 아닌 씨앗으로 녹색당을 규정하면서, 사실상 녹색 전환과 문명의 전환의 시작점이라는 의미를 담고 있다. 그다음 구절인 "이 씨앗을 싹틔워 인류가 지구별의 뭇 생명들과 춤추고 노래하는 초록빛 세상을 만들려고 합니다"라는 구절은 다양한 생명들이 창안되고 발아하는 생명 평화의 세상을 추구하는 정당이 녹색당임을 밝히고 있다. "우리는 작은 도토리 하나가 만드는 떡갈나무 혁명이며, 여러 무늬와 색깔을 가진 자유로운 사람들의 연합입니다"라는 구절은 떡갈나무에서 도토리가 떨어지고 이것을 다람쥐가 모아두지만, 다람쥐가 깜빡 잊어버리고 놔둔 그들의 도토리 창고에서 떡갈나무 새싹이 자라나는 상황을 보여준다. 이것은 생태계의 변화를 주는 것은 인간(즉 자연을 관리하는 능동적 존재로서의 인간)만이 아니라 다람쥐와 그들의 망각에도 기인할 수 있으며, 따라서 사소한 생명체의 활동(및 망각)이 서로 연결되어 있는 전체 생태계에 예측 불가능한 거대한 변화를 일으킬 계기가 될 수도 있다는 것을 알게 한다. 그런 점에서 '떡갈나무 혁명'은 자연의 모든 존재들이 예외 없이 모두 자신들의 작은 행동으로 색다른 생태주의 혁명을 일으킬 수 있다는 낙관주의적 전망을 담고 있으며, 이는 인간주의로 점철된 기존의 생태 사상을 더욱 폭넓은 자연의 구성적 연결망(인간주의에 대한 비판이 통상 반인간주의로 흐르는 것과 달리, 이 연결망에는 인간-동물-식물-사물의 상호 협동적 관계가 포함되어 있다)에 대한 관심으로의 관점 이동을 요구하는 것이다. 동시에 다양한 성격을 가진 자유로운 주체 집단에 의해서 스스로 연결되고 구성된다는 의미도 담고 있다.

다음 구절인 "우리는 이 생명을 지키기 위한 지구의 아이들입니다"라는 구절은 지구별이라는 유한한 지평에 서 있다는 것을 분명히 하면서 성장과 개발의 한계가 바로 지구별이 유한하다는 점 때문이며, 성장과 개발에 맞서 지구를 지키는 아이들이 바로 녹색당임을 밝히고 있다. 다음 구절인 "우리는 정의롭고 평화로운 세상으로 향하는 나침반이자 등대이며, 녹색전환의 씨앗을 심는 농부입니다"라는 구절은 녹색당이 길을 잃은 사람들의 나침반이 되어줄 뿐만 아니라, 아주 작은 땅뙈기나 영토를 갖고도 다른 지역을 비추는 등대와 같은 의미 있는 소수라는 점을 보여주고 있다. 특히 녹색전환이라는 시대적 요청을 위해서 그 씨앗을 심는 농부와 같은 일꾼이며 활동가라는 점을 분명히 하고 있다.

다음 구절인 "우리는 보이는 것과 함께, 공기의 순환이나 에너지의 흐름, 그리고 생명의 고동처럼 보이지 않는 것들의 변화를 중요하게 여깁니다"라는 구절은 녹색당은 보이는 것에 비중을 두는 것이 아니라 보이지 않는 것을 변화시키고, 보이지 않는 곳에서 윤리와 미학을 추구한다는 점을 분명히 하는 부분이다. 이러한 점은 녹색당의 가치가 누군가에게 보이기 위한 행동이 아니라 비가시적인 영역에서 서서히 그 힘을 발현하는 방식으로 행동한다는 것, 나아가 두드러지게 눈에 띄는 특출한 개인이 아니라 서로-함께라는 정신에 입각해 협동하는 다양한 존재들의 상호작용에 큰 가치를 부여하고 있음을 알 수 있게 한다. 다음 구절인 "우리는 공동체 돌봄과 살림경제, 협동과 연대의 경제 속에서 대안을 발견합니다"라는 부분은 도시화하고 개인화되어 있는 현 시점에서 공동체의 역할이 정서적·심리적·영성적으로 돌봄, 살림, 모심, 섬김, 보살핌에 있음을 강조하는 것이다. 이러한 공동체의 돌봄의 문화는 서로를 보듬어주기에 살맛나며, 그래서 세상을 함께 만들어가는 일이 우리 일상에서 아주 가까이 있는 이웃들과의 관계를 통해 일어날 수 있고, 따라서 대안은 이미 우리 삶의 현실에서 작동 중이라는 것을 보여준다. 동시에 협동조합, 사회적 경제, 마을 만들기 등에 대한 녹색당의 기초가 되는 활동 영역이 아주 먼 변혁의 미래가 아니라 지금 당장 만들어가야 할 실천 행동임을 보여주고 있다.

다음 구절인 "우리는 성장과 물신주의, 경제 지상주의를 넘어서는 정당이며, 화석연료와 핵에너지를 넘어선 태양과 바람의 정당, 문명사적 전환을 만드는 녹색정당, 반정당의 정당입니다"라는 구절은 성장을 통해서 경제를 활성화하여 복지를 이룬다는 공식이 더 이상 불가능해졌으며, 따라서 에너지 위기, 정점에 이른 화석연료, 핵 위기, 기후변화 등의 상황에서 에너지 전환과 탈성장은 불가피한 시대적 과제가 되었음을 알게 해준다. 탈성장으로의 이러한 전환은 자동차, 아파트, TV, 육식 등의 탄소 중독적인 문명의 생활 방식을 끝내고 탄소 순환적인 삶의 태도를 가질 필요성을 제기한다. 나아가 그 뒤에 이어지는 '반정당의 정당'의 선언은 기존의 대의민주주의 체제에 대한 극적인 인식 전환을 요구하는 것이기도 하다. 이는 녹색당이 현행 정당 체제가 지닌 문제점인 배타적 당파성이나 정당 물신주의의 한계를 벗어나 생활 정치와 정당 정치가 상호 보완적 기능을 수행하면서 풀뿌리 공동체들과의 연합을 모색할 준비가 되어 있음을 보여준다. 이는 "따라서 우리의 대안 정치는 기성정당과 같을 수 없습니다"라는 구절에서 더욱 분명히 확인되는 바이다.

그다음 구절인 "우리는 보편적 인권을 넘어 생활정치·다양성 정치·녹색 정치를 통해 소수자와 생명과 자연을 옹호합니다"는 보편적 인권을 전제로 그 이상의 권리와 자유를 추구하겠다는 적극적인 의지를 표명하는 것으로, 녹색당이 소수자, 자연, 생명의 목소리로 발언하면서 그들의 권리를 적극적으로 표현하는 정당이 되고자 노력한다는 것을 천명한다. 그다음 구절인 "우리는 고난과 어려움 속에서도 웃음과 낙관을 잃지 않으며, 비폭력과 평화의 힘을 통해 세상을 바꿀 것입니다"는 도처에서 지금 이 순간에 벌어지고 있는 새로운 수준의 생태 혁명에 동참하면서 그것을 낙관적인 웃음을 띠는 얼굴성으로 실현하겠다는 의지를 표현한다. 이는 그동안 사회 운동 세력들이 지녔던 상징적 얼굴성이 늘 전통적인 남성적 형상인 비통함이나 비장함, 냉철함 등으로 나타났던 것과는 달리 부드러움, 천진난만함, 온화함을 전면에 부각시킴으로써 사회 운동 안에서 자주 은폐되고는 했던 여성성(혹은 여성-되기)이나 어린아이(아이-되기)의 얼굴성을 강조하는 효과를 가져온다. 오늘날의 사회 변혁은 힘 대 힘, 강 대 강의 대결로 상징되기보다 웃음을 전염시키면서 함께 미래를 여는 이미지로 변화될 필요가 있으며, 이는 소수자들이 포함되는 더 넓은 변혁의 지형을 열어내는 것이기도 하다.

마지막으로 "우리는 세계 녹색당과 함께 지구 곳곳에서 녹색전환을 실현할 것이며, 이 길에 당신을 초대합니다"라는 구절은 녹색당이 세계녹색당(Global Greens)이 표방하는 국제적인 생태 연대의 기반 위에서, 그 정신과 뜻을 지구의 모든 존재자들과 함께 실천하겠다는 의지를 보여준다. 또한 우리의 이 작은 책 역시 바로 이런 실천에의 의지에 미약하나마 얼마간의 보탬이 되고자 하며, 독자들에게 그러한 연대의 따뜻한 손길을 내밀고자 한다.

여기서 우리가 알 수 있는 부분은 한국에서의 녹색당이 근본파와 현실파의 대립이라는 각국의 역사적인 흐름을 넘어서 이미 n분절의 생태주의, 스펙트럼으로서의 생태주의, 과정형적이고 진행형적인 재특이화 과정으로서의 생태주의, 원칙에는 철저하지만 동시에 현실에도 유능하기 위한 여러 결의와 실천 방안에 대한 고민과 성찰을 강령 전문에 담았다는 점이다. 특히 이러한 근본파와 현실파의 이중 분절을 탄력성과 유연성으로 수용하고자 하는 부분이 반정당의 정당이라는 다소 논쟁적인 개념의 구도이기도 하다. 다시 말해서 한국의 녹색당과 그들의 강령은 녹색 정치 운동과 함께 풀뿌리 공동체들의 생활 정치라는 미시 정치의 차원을 포괄함으로써 새로운 연합의 공간을 열고자 하는 의지를 보여주었는데, 이는 근본파와 현실파의 대립을 넘어설 수 있는 대안적 녹색 정치의 한 모습을, 아직은 씨앗의 수준이나 더 다양하고 포괄적이며 급진적인

형태로 나아갈 잠재력의 일면을 드러내는 것으로 보인다.[5]

3 생태민주주의와 에코파시즘 논쟁

생명 위기 시대가 본격적으로 개막되면서, 기후변화, 생물종 대량 멸종, 해양 생태계의 오염, 물 부족, 식량 위기, 자원 위기 등의 상황이 곳곳에서 벌어지고 있다. 이러한 여러 위기 상황에 대한 하나의 해법으로 등장했지만, 생태민주주의의 입장에게는 너무나 해로운 견해가 있는데, 그것은 에코파시즘의 관점이다. 생태 시민들이 생태민주주의를 구성하는 과정에서 하나의 장벽으로 기능할 에코파시즘은 생각보다 까다로운 측면을 가지고 있는데, 그것이 현재 생태주의를 구성하는 여러 형태의 이론과 실천에 조금씩 스며들어 있기 때문이다. 따라서 에코파시즘은 생태주의와 멀리 떨어진 저기 어딘가의 외부가 아닌 우리의 내부에서 우리 자신이 스스로 극복해야 할 무엇이며, 그런 만큼 그에 적절하게 대처할 대응 방법 혹은 대항 논

5 강령 전문과 그에 대해 설명한 이 두 번째 절은 서울녹색당 김유리 공동운영위원장의 세심한 감수 및 논평의 도움을 받아 완성되었다. 김유리 위원장에게 깊은 감사의 말을 전한다.

리의 수립은 상당한 세심함을 요구하는 것일지 모른다. 기후 위기 상황에서 생태민주주의를 기초로 하여 어떻게 민주적이고 자율적인 대안 사회를 구성할 수 있을까? 혹자는 시간이 얼마 남지 않았다고 하고, 혹자는 전환 비용의 규모 문제를 어떻게 해야 하는지 반문하고 있기도 하다. 그것의 부정적인 귀결은 바로 에코파시즘을 통해 공리주의, 도구적 이성, 분리주의, 인종주의, 국가주의 등 기존 문명의 저변에 도사리던 여러 주춧돌들을 다시 내세우는 것이다. 특히 최근에는 인공지능의 비약적인 발전과 대중화를 맞이하여 포스트휴먼 담론에 스며들어가 인공지능, 로봇, 안드로이드와 같은 신인류에게 미래를

에코파시즘 ·생태 개념어 쪽지·

'에코파시즘(eco-fascism)'은 전체 생태계를 위해 인간을 생태계의 순환에서 빼내고 배제해야 한다는 것을 정당화하는 인간 혐오의 관점을 지시한다. 파시즘의 기원이 되었던 도구주의적 파시즘이 인간의 생명을 도구화하면서, 소수자 차별, 이주민 혐오, 장애인 분리 격리, 노동자 착취 등을 정당화하는 것과 달리, 에코파시즘은 인간중심주의의 세계 이해에서 생명중심주의적 세계 이해로 관점을 이동시키고 그에 따라 생명의 권리와 존엄을 위해서 모든 인간 혹은 인간 대다수를 배제·제거해야 한다는 역전된 논리로 향한다. 가령 미국의 급진적 환경 단체인 '어스 퍼스트(Earth First)'의 앤 트로피 여사는 기아와 에이즈가 인구수 감소에 도움이 될 것이라고 발언했는데, 이러한 관점에서 기후위기의 해법은 특정한 계층·계급을 포함해 전체 인구 감소로 귀결되는 모든 방법을 조건 없이 긍정하는 형태로, 따라서 인류의 자살을 긍정하는 형태로 나타나게 된다. 관련 내용을 다루는 것으로, 신승철, 『떡갈나무 혁명을 꿈꾸다』(한살림, 2022), 43-50쪽을 참고하라.

맡기고 인간 멸종의 상황을 맞이해야 한다는 담론도 제출되고 있다.

프랑스 생태 운동가 펠릭스 가타리(Félix Guattari)는 '주체성 생산' 개념을 통해 '자연과 생명의 대리인'이자 '생태계의 특이점(singularity)'으로서의 구성적 인간론으로 생태민주주의를 재구성할 방법을 탐색했다. 여기서 주체성(subjectivity)은 근대의 책임 주체(subject)와 달리, 미리 주어지지 않고 생산되고 구성되어야 할 관여적(關與的) 주체를 의미한다. 주체성 생산, 즉 인간 자체도 구성되어야 한다는 관점에서 보면 "생태민주주의를 작동시킬 바로 그 사람을 어떻게 만들어낼 것인가?"라는 과제도 역시 제출될 수 있다.[6]

파시즘의 미시사와 거시사를 살피면서 에코파시즘의 담론 지형을 분석하다 보면, 인종주의, 차별과 배제, 분리, 증오 등을 통해 인간 종의 진화를 이룩해야 한다는 도구주의적인 기존의 파시즘의 대의명제와 달리, 에코파시즘은 지구의 입장에서 볼 때 인간이 암적인 존재임이 분명하며 인간을 제거하는 길이 지구를 살리는 길이라는 근본주의, 원리주의, 극단주의 맥락에서 유래한다. 생태 사상가 머레이 북친의 사회생태론(social

---

6 이에 대해서는 펠릭스 가타리, 윤수종 옮김, 『카오스모제』(동문선, 2003), 특히 1장 「주체성 생산에 관하여」, 9~48쪽을 보라.

ecology)의 입장에서의 근본생태주의(deep ecology) 비판은 이러한 단서를 잘 보여주는 선행 연구라고 할 수 있다. 그러나 생태민주주의의 구도에서 보면 근본생태주의는 지금까지 생태적 지혜, 생태 영성, 전체론(holism), 불교 생태학, 의식 혁명, 생명중심주의 등에 기반하여 생태민주주의에서 한 영역을 차지하면서, 포기할 수 없는 중대한 역할—생명 살림의 원칙을 제시하는 것—을 수행해 왔다. 그런 점에서 북친이 말하는 근본생태주의 맥락 전부가 에코파시즘으로 이해될 수 없는 대목이기도 하다. 북친의 근본생태주의 비판은 사실상 사회 변혁이나 체제 전환 없이 마음의 연결망인 전체론에 기반한 에코파시즘의 논증과 추론의 과정 혹은 무의식적인 배치가 결국 인간에 대한 뺄셈으로 향하는 바에 대한 것이다. 오늘날 기후위기 상황에서 한국 사회의 여러 미시적 담론에 에코파시즘적인 논리가 스며들고 있고 생태주의자들 자신도 이러한 논리를 크게 경계하지 않는 경우가 있어 크게 우려되는 상황이다.

생명 위기 상황에 대한 간편한 해법으로 전반적으로 통용되기 시작하고 편리하고 효율적인 방법론으로 제시되고 있는 에코파시즘의 맥락 자체는 사실상 기후위기에 대한 대응과 적응을 위한 필사의 노력을 하지 않겠다는 바이며, 실천과 기후 행동에 대한 포기라고 할 수 있다. 생태민주주의를 발전시키고 성숙시켜 나가는 데, 가장 큰 걸림돌로 자리 잡고 있는 에코파시즘을 비판하고 성찰하지 않는다면, 한국 사회의 생태민주주의가 성숙되고 문명의 전환으로 나아가는 것에 대한 걸림돌로 자리 잡을 것이다. 기후위기 상황에서 카리스마 있는 독재나 파시즘으로 해법을 찾고자 하는 무의식적인 유혹으로부터 벗어나, 생명 민회, 추첨제 민주주의, 협치, 생태 시민성 등의 생태민주주의적인 해법을 찾는 과정으로 나아가야 할 것이다. 그렇기 때문에 에코파시즘의 논리 구조가 미시적인 영역으로 스며들어와 어떻게 작동하고 있는지를 살피면서, 생태민주주의를 통한 색다른 논리로서의 탈성장, 심층 적응, 체제 전환 등을 통해서 에코파시즘에 대응해야 할 것이다.

펠릭스 가타리의 『세 가지 생태학』과 『카오스모제』의 구도를 빌려와서 이를 전략적 지도 제작법(strategic cartography)으로 재전유하면 어떨까?[7] 현실에서의 다양한 특이점, 복잡한 맥락/탈맥락적인 과정을 지도처럼 그려냄으로써 최대치의 상상력을 전개하기 위한 방법론이 전략적 지도 제작의 방법이다. 또한 이러한 지도 제작의 방법론으로 그레고리 베이트슨의 『마음의 생태학』을 참고하는 것이 유용해 보이는데, 그가 '영토화

---

7 이에 대해서는 각각 펠릭스 가타리, 윤수종 옮김, 『세 가지 생태학』(동문선, 2003)과 펠릭스 가타리, 윤수종 옮김, 『카오스모제』(동문선, 2003)를 보라.

를 넘어서는 지도화'라는 개념을 최초로 제기하고 이를 정식화했기 때문이다.[8] 이러한 베이트슨의 구도는 사물·생명·동물·식물·광물·기계 등을 영토와 심층, 본질의 형태로 이해하던 기존의 태도에서 벗어나 그것들이 맺는 관계의 복잡성을 마음의 지도화로 그려낸다는 점에 그 의의가 있다. 세계 내의 다양한 존재 형태들을 영토성이나 본질 개념에 얽매이지 않고 그려낼 때 우리는 각 존재들에게 부과되는 종적 특성을 넘어서 창조적이고 다원적인 관계를 상상해 낼 수 있고 또 그 과정에서 마음의 차원도 새롭게 구성해 낼 수 있을 것이다. 이렇듯 지도 제작의 방법론은 본질을 정의(definition)함으로써 "-은 -이다"라고 적시하여 모델링하는 전문가주의적인 의미화의 방법론이 아니라, 개념, 의미, 모델 등이 모종의 복잡성을 조성할 수 있도록 하여, 그 곁, 가장자리, 주변 등을 지도처럼 그려냄으로써 흐름이 갖는 맥락적/탈맥락적인 과정의 윤곽을 동시에 잡게 하는 방법론이다. 전략적 지도 제작은 상상 가능한 모든 가능성을 복잡계로 그려내고, 미래 진행형적인 전략 지도로 만들어내어 미래 세대가 다양한 항목의 개념을 연장통에서 꺼내 쓸 수 있도록 만드는 목적을 갖는다. 그런 점에서 전략적 지

---

8 그레고리 베이트슨, 박대식 옮김, 『마음의 생태학』(책세상, 2006).

도 제작의 방법론은 개념의 유희와 같은 현학적인 논의가 아닌 철저히 미래적 관점에 서 있으며, 생산과 구성의 관점에 서 있는 방법론이라고 할 수 있다.

여기서 환경 위기에 대응하는 두 가지 길을 근본파와 현실파로 구분하는 방법이 아닌, 생태민주주의와 에코파시즘으로 구분할 수 있다. 그것은 극단주의, 원리주의, 근본주의로 인간을 뺄셈하는 방식—특히 인구를 거론하며 그렇게 작동되는 방식—에 대한 거부이다. 기후위기 상황에 대한 문명의 대응은 여전히 왜소하다. 여기서 주권 질서란 기후위기에 직격탄을 맞은 당사자들의 절박한 상황을 칸막이로 막아두고 다른 나라, 다른 사회 구성원들이 알 수 없도록 만드는 역할밖에 할 수 없다. 가령 기후변화에 따른 농업 파괴 현상이 5년간 지속되었던 시리아를 생각해 보자. 하나의 국가로서 시리아는 자신의 모든 행정·군사력이 마비된 채 혼란 상태로 접어들었고, 이후 IS의 발호와 자유시리아군 탄생 등으로 이어진 극심한 사회 분열, 대규모 난민 발생을 겪었다. 물론 시리아의 파국적 상황의 원인을 기후변화라는 단 한 가지 이유로 추측하는 것은 무리겠지만, 복잡한 현대 사회에서 특정 분야의 기능 마비가 사회의 전체 하부구조를 크게 흔들 수 있다는 점을 고려했을 때 이는 가벼이 넘길 문제가 아니다. 공동체의 자율성과 자립성이 뒷받

침되지 않은 상태에서 국가에 집중되어 있던 행정력이 마비되면, 소속 구성원들이 삶을 방어하기 위해 고려할 수 있는 선택지는 지극히 제한되며, 이는 좋은 삶을 포기하거나 삶을 체념하거나 비참한 고난의 길(난민)에 뛰어들거나 하는 등에서 결단해야 하는 상황으로 귀결된다. 머지않은 미래에 우리가 처하게 될 물 부족과 산림 파괴, 자원 고갈의 상황은, 여러 생태학자들이 말했듯, 2100년 즈음에는 전기·가스·수도를 모두 문제 없이 사용할 수 있는 인구가 전 세계 10퍼센트 미만일 것이라는 예측에서 유추해 볼 수 있으리라. 환경 위기 상황에서 현장과 일상, 제3세계와 제1세계, 문명 외부와 내부 등에 대한 분리는 또 다른 인종주의이자, 에코파시즘의 색다른 방식이다. 이러한 극단주의적 방안이 아닌 평등하고 정의로운 생태민주주의의 해법은 전 지구적 연대와 생명 민회, 직접민주주의 등을 단지 슬로건만이 아니라 현실적인 대처법으로 만들어내는 데 있다.

그렇다면 생태민주주의는 환경 위기의 근본적 원인인 통속적 문명을 변화시킬 수 있는가? 또한 생태민주주의는 완고한 문명 전환의 마중물일 수 있을까? 어떤 이는 더는 문제가 해결될 여지는 없고, 이제 즐기는 일만 남았다고 말하기도 한다. 생태민주주의가 역성장이라는 질서 있는 감축을 통해 달성해야 할 경제 규모는 현재 경제 규모의 10분의 1 수준이다. 그 가능성이 전무한 것만은 아니다. 일본의 발명가 후지무라 야스유키의 3만 엔(한화로 약 30만 원) 비즈니스는 한국의 청년들을 움직이고 있다. 그들은 '비전화공방' 등에서 30만 원으로 한 달 살기를 몸소 실천하고 있다.[9] 희망을 말할 여지는 분명 있는 셈이다. 여기서 생태민주주의가 극복해야 할 문명의 모습은 다음과 같다.

- 탄소 중독적 문명: 텔레비전, 육식, 자동차, 아파트, 일회용품
- 성장주의 문명: 주식, 개발, 부동산 투기, 주식 투기, 벤처, SOC 사업
- 소비주의 문명: 마트, 백화점, 편의점, 쇼핑몰
- 공동체를 착취하는 문명: 젠트리피케이션, 대기업 골목 상권 진출, 집단 지성의 점취, 분리 차별, 플랫폼 자본주의

이러한 문명 패러다임 전반을 근본적인 생활 양식의 심층부터 바꾸는 것이 필요하다. 특히 이러한 노력은 제1세계 잘 사는

---

9 비전화공방(非電化工房)은 에너지와 화학물질이 없이도 좋은 삶을 영위할 수 있다는 취지로, 2000년 후지무라 야스유키에 의해 도입되었다. 한국의 경우 서울시가 2017년 이곳과 업무협약을 맺고 비전화공방의 다양한 공법을 도입하기도 했다. '비전화공방 서울'이 운영하는 웹사이트이다. https://noplug.tistory.com/

나라 사람들의 새로운 분자 혁명과 생태주의 혁명에 기반한다.

현재 국면은 문명의 외부가 점차 소멸함으로써, 삶의 선택지가 축소되고, 그에 뒤이어 분리주의, 폐쇄 경제, 고립주의가 등장하는 것으로 특징지을 수 있다. 자본주의 문명은 생명, 자연, 제3세계 등 자기 문명 바깥을 끊임없이 내부로 흡수하고 그것을 저렴한 가격에 활용, 추출하면서 엄청난 이익을 만들면서 성장해 왔다. 그러나 급기야 외부는 소멸되고 전 세계가 통합되면서 비슷비슷한 문화 생활, 미디어, 소비 생활, 정보 인터넷 사용 등으로 재편되었다. 외부의 소멸은 결국 성장 동력을 상실했다는 의미와 같다. 문제는 그와 동시에 생태 위기 상황에서 선택할 경우의 수가 아주 축소되었다는 점에 있다. 즉, 동질화 방향성에 따라 문명이 재편되면서 다양한 경우의 수로서의 특이점들이 사라졌기 때문이다. 이를테면 수많은 특이점의 소멸로 인해 회복탄력성(resilience)을 잃고 있는 제3세계 도시들의 상황이 바로 그러하다. 물 부족, 기아, 자원 고갈, 환경 오염 등 생태 위기 상황에 취약한 제3세계는 엄청난 수의 난민을 제1세계로 유입시킬 수밖에 없었는데, 이는 자국 내에서 삶을 위해 선택할 경우의 수가 거의 남지 않았을 때 시도하는 유일한 선택지였다. 그리고 그것의 반작용으로 제1세계 내에서 극우 파시즘의 슬로건인 고립주의, 분리주의, 폐쇄 경제를 주장하는 사람들이 확산하고 있는 상황이다. 결국 생태민주주의는 사실상 다양한 특이점을 설립하여 생태적 다양성을 구성하고 그 과정에서 민주주의를 작동시켜야 한다는 과제를 떠안았다. 그 과제란 바로 특이성 생산, 다시 말해 주체성 생산이라는 과제이다.

여기서 우리는 근본생태주의에 대한 머레이 북친의 사회생태주의를 통한 비판 담론을 현대적으로 재전유하는 사고 실험이 필요하다. 북친은 사회생태주의를 주장하면서, 당대 풍미했던 근본생태주의가 자칫 인간을 암적인 존재로 여김으로써 에코파시즘으로 향할 수 있다고 경고했다. 그는 인간에 의해서 자연 파괴와 생태계 훼손이 이루어진 데 대해서, 자연과 인간의 관계 이전에 인간과 인간 간의 사회적 관계, 즉 계급 관계가 선행한다고 보았다. 이러한 논거를 통해서 자본주의를 극복하고 코뮌주의로 이행해야 생태 위기가 해결된다는 그의 주장이 설득력을 얻는다. 여기서 주목할 점은 에코파시즘에 대한 논증 방식이 인간 종 확장이 아닌 인간 종 폐절에 대한 논거를 갖고 있다는 점이다. 물론 근본생태주의가 인간중심주의 및 인간의 오만이 야기한 폐해를 문제 삼은 것은 큰 설득력을 갖지만, 그들이 자연과 생명의 대리인으로서의 인간이라는 특이점들이 펼쳐낼 사회 변혁, 체제 전환의 잠재력을 평가절하할 여지가 있는 것도 사실이다. 그렇기에 근본생태주의의 문제의식을 사회 변혁의 관점에서 재조정한 북친의 논리적 전개 과정에 주목할 필요가 있겠다. 그의 이론을 현대적으로 재전유할 수 있다면, 우리는 기후위기 시대에 서서히 모습을 드러내는 에코파시즘에 대한 다른 관점을 수립할 계기를 얻을 것이다.

또한 오늘날의 현대 사회이론에서 인간중심주의를 와해시킨 결과로 반인간주의에 도달한 논의 역시 극단화될 위험에 주의할 필요가 있는데, 그렇게 되면 인류의 절멸을 기정사실로 받아들이고 인간의 행위가 열어낼 다른 가능성을 도외시할 수도 있기 때문이다. 그런 점에서 자연과 생명의 양육자로서의 구성적 인간론을 통한 해법은 특이점 이후의 인간의 와해와 해체를 말하는 것이 아니라, 생태민주주의의 기술과 화폐를 통한 해법 자체를 말하는 것이다. 여기서 우리는 첨단 기술 사회가 도래하면서 인간과 관련된 색다른 주장이 전개됨을 확인할 수 있는데, 그중 하나가 포스트휴먼 담론이다. 포스트휴먼은 인간 강화 기술에 따르는 트랜스휴먼에만 한정되지 않으며, 미래의 비인간 존재로서 인공지능, 휴머노이드, 안드로이드 등으로 제시된다.[10] 문제는 이러한 존재를 도출하는 과정에서 발생하는데, 그것은 기후변화와 지구의 생태위기로 인해 인간 종

---

10 이에 대해서는 이종관, 『포스트휴먼이 온다』(사월의책, 2017), 21-118쪽을 참고하라.

이 더 이상 유지될 수 없기에, 포스트휴먼에게 지구의 미래를 맡기는 것 외에는 다른 선택지가 없다고 추론하는 것이다. 우리는 이를 가령 유발 하라리(Yuval Noah Harari)의 포스트휴먼 담론에서 확인할 수 있다.[11] 이처럼 인간의 절멸을 기정사실로 받아들이는 주장의 문제점은 인류 사회가 지구환경의 변화에 대응해 실행할 수 있는 실천적 잠재력을 너무 쉽게 평가절하한다는 데 있다. 즉 인류는 자신들의 문제 상황을 집단적으로 인식하면서 생태민주주의를 전진 배치시키고 그래서 생명과 자연을 보호하고 양육하는 존재로 자신을 변모시킬 수 있는 가능성, 즉 구성적 인간론을 전개할 가능성을 아직은 여전히 가지고 있다. 생명 위기 시대가 다가오는 상황에서 과학기술 만능주의는 인간을 뺄셈하는 에코파시즘과 닮아간다는 점도 드러난다. 이에 따라 생태적 특이점으로서의 인간은 이제 더 이상 미리 주어지는 것이 아니라, 공동체, 협동조합, 마을, 지역사회 등에서 구성되어야 한다. 그런 점에서 구성적 인간론, 즉 주체성 생산 전략은 포스트휴먼 담론에 대한 생태민주주의의 전략적 대응일 수 있다.

동시에 제3세계 인구 문제에 대한 반박과 식량 위기에 대

---

11 유발 하라리, 조현욱 옮김, 『사피엔스』(김영사, 2023).

한 생태민주주의의 대안 역시도 필요한 상황이다. 많은 사람들이 예상하고 있듯이, 이제 막 80억 명을 돌파한 지구의 인구는 2100년경에는 대략 100억 명에 육박하게 될 것이다. 이러한 인구 예측 수치는 지구의 평균 기온 상승에 따른 해안 도시 수몰과 인구 이동, 그리고 물 부족 및 식량 부족과 결합되어 엄청난 사회·경제적 위기 상황을 예감하게 하며, 그만큼 에코파시즘의 목소리에 힘이 실릴 여지가 있다. 그러나 에코파시즘이 인구수 조절의 필요성에 집중하는 만큼 특히 인구가 집중적으로 증가하는 제3세계에 지구의 생태 위기의 모든 책임을 전가하는 방향으로 나아가지만, 그들의 논리에는 분명한 맹점이 있음을 이해할 필요가 있다. 즉 그들이 놓치고 있는 것은 현재에도 제1세계의 에너지 사용이 제3세계의 15배에 달한다는 점이며, 전 세계 20퍼센트 인구가 80퍼센트의 자원과 에너지를 독점하면서 그에 비례한 탄소 배출을 하고 있다는 점이다. 이에 따라 인구를 에너지 사용량의 관점에서 환산해 보면 제3세계의 인구 증가가 생태 위기의 절대적 원인이라고 말할 수 없으며, 생태 위기의 더 많은 책임은 제1세계의 생활 방식과 생산 및 소비 양식에서 찾아야 한다는 결론이 나온다.[12] 식량과 물, 거주

---

12 이러한 논점을 다루는 것으로 사이토 고헤이, 김영현 옮김, 『지속 불가능 자본주의』(다다서재, 2021)과 제이슨 W. 무어, 김효진 옮김, 『생명의 그물 속 자본주의』(갈무리, 2020)

할 토지 등의 부족이 향후 위기에서 가장 두드러지게 부각되는 측면이라면 그에 대한 대안은, 인구수 감소에만 집중적 관심을 보이는 에코파시즘이 아니라, 여러 위기에 대한 대책을 전 지구인의 수준에서 다시 고민하는 생태민주주의에서 찾아야 할 것이다.

다가올 생태 위기들에 대한 다른 여러 대안이 수립되고 그에 맞는 삶의 변화가 동반되어야 하겠지만, 그중에서도 특히 벌써부터 가시화되기 시작한 식량 위기는 시급하게 대안이 수립되어야 하며, 그 시작은 특정 지역에서 집중적으로 생산되는 플랜테이션 농업에서 벗어나 다양한 지역에서 실행되는 소농 중심의 농업 생산으로의 변화에서 이뤄져야 한다. 이상 기후 현상의 증가, 대규모 인구 이동, 물 부족 등의 문제를 전반적으로 고려했을 때 지구인 대다수의 식량의 소재가 되는 쌀과 밀이 특정 지역에 집중되어 생산되는 상황은 국지적인 지역에서 발생하는 여러 기상학적·정치적·군사적 변수가 곧바로 전 지구적 식량 위기로 이어질 수 있다는 것을 말해주기 때문이다. 지금 전 세계 농지의 4분의 1을 농지로 사용하는 소농이 전 세계 인구의 70퍼센트를 먹여 살리고 있다. 집약적인 농법, 유기

를 참고하라.

농업, 혼작과 윤작 등에 따른 것이다. 특히 기후변화 상황에서 물수집기와 지표수에 대한 소농의 적절한 사용 방법과 지혜는 물 부족에 대한 대안이 될 수 있다. 생태민주주의는 전 세계 식량 위기가 도래하는 상황을 대비하기 위해서 농민 기본소득과 농업 공무원 제도, 청년 귀농 일자리 제도, 소농의 유기농업/유기축산 보급, 로컬푸드와 생활협동조합의 육성 등을 통해 '탄소 순환=생명 순환'의 소농 공동체를 획기적으로 조직할 방안을 마련해야 할 것이다. 이런 점에서 '인간은 지구 표면에 붙은 벌레이자 암적 존재이다', '인간이 이제 좀 죽을 때도 됐다'는 식의 에코파시즘의 논리는 생태민주주의의 저변에 깔린 생존주의 전략을 짓밟는 논변임이 분명하다.

이제 결론적으로 생태민주주의에서의 구성적 인간론(=주체성 생산) 전략을 정리해 본다면 어떤 의미 좌표를 가질까? 생태민주주의는 시민과 공동체를 투 트랙으로 하며 동시에 자연과 생명을 살리는 대리인으로서의 인간의 역할에 주목한다. 그러나 그 인간은 주어진 것이 아니라, 생태계의 모종의 복잡성 속에서의 특이점으로 생산되거나 구성되는 것이다. 에코파시즘은 인간 절멸이 지구 생태계에 이로울 것이라는 논변을 통해서 문명의 변화를 회의하고 인류 전반의 생존을 무시한다. 에코파시즘이 겉으로는 생태주의적인 논변을 갖고 있다 하더라도 사실상 생태주의가 갖고 있는 인간과 생명, 자연의 공생과 연대에 대해서 부정한다는 점에 주목해야 한다. 이제 생태민주주의는 주체성 생산, 즉 구성적 인간론을 통해서 인간조차도 생성되고 구성되어야 할 존재라는 점을 분명히 해야 할 것이다. 이를 통해 생태민주주의는 인간으로서 무릇 그래야 한다는 정언명령이 아니라, 무릇 그렇게 할 인간을 만들어내는 과정으로 나아가야 할 것이다. 구성적 인간론은 근대의 인간중심주의와 휴머니즘과는 다른 궤도에 있을 것이다. 왜냐하면 인간중심주의나 휴머니즘조차도 인간이라는 존재는 미리 주어진 존재라고 보기 때문이다. 그러나 생태민주주의의 구성적 인간론에서는 생명과 자연의 대리인으로서의 인간을 만들어내는 과정을 주체성 생산의 전략으로 채택할 것이다.

결국 우리는 위기에 강한 생태민주주의를 필요로 한다. 환경 위기, 생명 위기 시대의 도래는 에코파시즘을 달콤한 유혹이나 유력한 해법으로 느낄 수밖에 없는 상황으로 나아가고 있다. 사실상 오늘날 이미 보이지 않게 에코파시즘의 논리 구조가 문명 내부로 스며들어와 있는 상황이라고 해도 과언이 아니다. 생태민주주의라는 색다른 민주주의 전략이 어떠해야 하는지에 대한 논의는 이제 시작점에 있다. 생태민주주의는 보다 현실에 유능하며 원칙에 충실해야 하며, 권력을 분산시켜야 하며, 위기에 대한 최선의 해법을 찾아야 하며, 대안의 논의에 있어 수많은 지혜를 모아나가야 할 것이다. 이를 통해 위기에 강한 생태민주주의가 되도록 친환경 주민이나 생태 시민 등이 뜻과 지혜와 아이디어를 모아나가야 할 것이다. 결과적으로 중요한 것은 뜻과 지혜와 아이디어를 가진 생태 시민 하나하나를 만들어나가는 과정에 있을 것이다. 이런 점에서 생활 속 민주주의는 생태민주주의의 주춧돌이라고 할 수 있으며, 주체성 생산에 대한 전략적 지도 제작의 과정이 끊임없이 공동체, 마을, 협동조합, 지역사회 등에서 이루어져야 할 것이다.

4 근본파와 현실파의 정치 지도

존 S. 드라이젝(John S. Dryzek)의 『지구환경정치학 담론』[13]에서는 근본파와 현실파에 대한 몇 가지 구분 방법을 가재의 두 팔처럼 보이는 이중 전략으로 드러내보였다. 먼저 근본파는 심층생태론, 문화적 에코페미니즘, 녹색 라이프스타일, 생태 신학, 생명권, 생태 공동체주의 등을 망라한다면, 현실파는 사회

---

13 존 S. 드라이젝, 정승진 옮김, 『지구환경정치학 담론』(에코리브르, 2005).

생태론, 사회적 에코페미니즘, 적녹연정, 환경 정의 운동, 동물 해방 운동(동물 복지론) 등을 망라한다. 이러한 두 가지 형태는 전술적으로는 매우 다른 방법이지만, 전략적으로는 서로의 방법론을 공유하는 것도 특징적이다. 드라이젝의 두 가지 분류법에 대한 방법론적인 차이는 다음과 같다.

녹색 낭만주의(근본파)의 담론 분석

• 실재성이 인정되거나 구성되는 기본 존재: 전 지구적 한계, 내적 자연, 자연, 부자연스러운 행위, 이념.

• 자연스러운 관계에 대한 가설: 지금까지 훼손되어 온 인간과 자연 사이의 자연적인 관계, 사람과 자연 간의 평등.

• 행위자와 그것의 동인: 인간 주체, 깨어 있고 의식적인 사람들, 행위는 자연 속에도 존재.

• 핵심 메타포: 폭넓은 범위의 생물학적인 유기체적 메타포, 열정, 감성과 직관에 호소.

녹색 합리주의(현실파)의 담론 분석

• 실재성이 인정되거나 구성되는 기본 존재: 전 지구적 한계, 복잡한 생태계로서 자연, 이성적 인간, 사회적·경제적·정치적 구조.

- 자연스러운 관계에 대한 가설: 사람들 간의 평등, 인간과 자연 사이의 복잡한 상호 연관.
- 행위자와 그것의 동인: 수많은 개인과 집단 행위자, 가볍게 여겨지는 자연 속 행동력.
- 핵심 메타포: 유기적 메타포, 이성과 사회적 구조의 잠재적 합리성에 호소, 진보와 연계.

특히 녹색 합리주의에서 말하는 인간과 자연의 신진대사는 은유인가, 실제적인 것인가에 대한 질문도 가능하다. 그런 점에서 생태마르크스주의자들이 많이 사용하는 신진대사라는 개념이 근본파의 은유와는 차이를 갖는 실제적인 작동과 양상, 순환의 형태임을 알 수 있다. 다시 한번 한국에서의 녹색 낭만주의 정치 담론들을 망라해 보자면, ① 공동체와 풀뿌리 민주주의, ② 문명의 전환과 미시 정치, ③ 생태적 지혜와 영성, ④ 생명권, ⑤ 협동조합과 살림 운동, ⑥ 마을, 지역 순환 경제와 내발적 발전(endogenous development) 등이 있을 수 있다. 반면 한국에서의 녹색 합리주의의 정치 담론들을 망라해 보자면, ① 파리협약과 신기후체제, ② 협치와 시민사회, ③ 에너지(녹색) 전환과 재생에너지, ④ 동물 복지(+동물 해방), ⑤ 국제 연대를 통한 모색(ODA), ⑥ 환경관리주의와 지속가능한 발전, ⑦ NGO의 제도 생산 모델과 환경관리주의 등으로 볼 수 있다. 그러나 대부분 의제들의 특징은 서로 호환될수록 시너지 효과를 가질 수 있다는 역동적인 구분으로서의 가능성이 엿보인다는 점이다.

그런 점에서 근본과 현실 사이에 과정형적이고 진행형적인 녹색 정치의 영역을 생각할 필요가 있다. 이는 거시적인 거대 계획, 거대 프로그램과 미시적인 생활 정치, 미시 정치를 투 트랙으로 하면서, 동시에 현실 제도와 관계망 사이, 공동체와 생태 시민 사이, 점진주의/현실주의와 근본적 원칙주의 사이를 과정형적이고 진행형적으로 연결하는 이음새의 설립이 굉장히 중요하다. 다시 말해 근본파와 현실파가 서로 이념적으로 완결되어 있다는 전제에서 출발하는 것이 아니라, 늘 배치의 재배치 과정 속에 놓여 있기 때문에 진행형이라는 점에 주목해야 할 것이다.

여기서 근본파와 현실파의 논쟁 지점을 구체적인 의제별로 구성해 보면, ① "전체론이냐, 에코시스템이냐"라는 질문에 대해서 전체론은 광역적 자아(Self) 속에 자아(self)를 두는 것, 즉 생태적 연결망은 마음의 연결망과 같다고 본다는 점에서 관념론의 접근 방식을 취하는 것이다. 레이첼 카슨(Rachel Carson)에 의해서 구체화된 에코시스템의 경우는 자연과 인간의 신진대사를 강조하면서 화학물질과 유전물질도 그러한 신진대사의 결과물임을 강조한다는 점에서 유물론적 접근 방식을 취한다는 점을 알 수 있다. ② "동물권이냐, 동물 복지냐"라는 질문에 대해서 동물 복지를 최소 테제로 하고 동물권을 최대 테제로 하는 과정형적인 동물보호 운동이 가능하다는 점에서 배타적 양자택일, 즉 배리의 형태로만 작동할 수 없고 상호 의존적일 수 있다는 점을 지적할 수 있다. ③ "자연주의냐, 제도주의냐"라는 질문에 대해서, 자연주의는 자연 그대로 놔두면 "몸에 털이 자라듯" 치유될 것이라는 식의 자연보호/자연보전 운동이 있을 수 있으며, 이와 대조되는 제도주의로서의 자연의 작동은 통계치로 정확히 나타나며, 인간 사회의 제도의 내부로 자연이 들어와 있다는 생각, 다시 말해 환경관리주의로도 나타날 수 있다. ④ "생명중심주의냐, 인간중심주의냐"라는 질문에 대해서 생명중심주의는 인간의 오만과 욕심을 버리고, 생명 중심의 페러다임으로 전환할 것이라는 생명권 사상으로 나타난다면, 인간중심주의는 인간의 생존을 위해서 환경과 생명을 고려해야 할 것, 다시 말해서 프로메테우스주의(=생존주의)의 맥락이 들어오게 된다. ⑤ "공동체의 생태 영성이냐, 시민의 합리주의냐"라는 질문에 대해서 공동체의 생태 영성은 관계성좌가 갖고 있는 무의식과 마음에 주목한다면, 시민의 합리주의는 이성적이고 비판적인 의식에 주목하는 것으로 대조를 이룬다.

송태수는 독일 녹색당의 변화된 강령을 비교하면서, 근본파에서 현실파로 녹색당의 이니셔티브가 시간 간격을 두고 어떻게 이행되었는지를 아래의 표와 같이 밝힌 바 있다.[14] 특히 대외 정책에 있어서 근본주의적인 평화운동의 기반으로부터, 기존 정당과의 현실주의적 타협이 드러나 보인다.

구분	1980년 지브뤼켄 강령	2002년 베를린 강령
경제 정책	반(反)양적 성장주의, 생태 친화적 질적 성장, 사회적 성장	생태적 "사회적 시장 정책" 경쟁적 시장의 혁신성 인정
민주주의	풀뿌리민주주의, 분권주의 및 참여민주주의	민주주의, 대의제 민주주의
대외 정책	일방적 군축/NATO 바르샤바조약 해체	유럽/NATO 개혁, 제한적 군사 개입, 인권
사회 정책	계층 간 평등, 사회적 약자 집단 배려 정책	인권, 정의/기회 균등
환경 정책	환경 우선 및 자연 중심, 반핵, 강한 기술 회의주의	지속가능성, 재생에너지, 제한적 기술 회의주의

---

14 이에 대해서는 송태수, 「독일 녹색정치와 함의」, 대화문화아카데미 바람과 물 연구소 기획, 『녹색당과 녹색정치』(아르케, 2013)을 참고하라.

프랑스의 경우에도 라롱드 진영과 베슈테르 진영의 분열이라는 사건이 1980-1990년대에 벌어졌다.[15] 여기서 라롱드가 주도한 생태 세대라는 좌파 생태주의 노선은 적녹연정, 다시 말해 사회당과 연정을 주장하는 현실파의 논리를 대변했고, 사회변혁으로서의 좌파 생태주의의 면모를 갖고 있음에도 불구하고, 핵발전을 지지한다는 아킬레스건을 갖고 있었다. 반면 베슈타르 진영으로서의 녹색당은 좌도 우도 아닌 녹색이라는 독립파이자 근본파를 대변했고, 자연보호를 주장하는 우파 생태주의 노선에 직면해 있었다.

프랑스 녹색당의 주요한 슬로건은 처음부터 반핵을 내거는 것이었다.[16] 왜냐하면 프랑스 정부가 에너지 70퍼센트를 원자력으로 바꾸겠다는 정책을 일찍부터 수행했기 때문이다. 프랑스 반핵 운동은 1968년 혁명에서부터 시작되었고, 1971년 '지구의 친구들'을 필두로 한 정치적 생태주의 지향 그룹들이 결정되었다. 1971년 프랑스 최초의 반핵 시위 이래로 환경 단체들은 마오주의자와 대안적 좌파(PSU), 평화주의자와 연대

---

15 김은경, 「녹색 운동의 정치 실험: 프랑스 사례를 중심으로」, 《EU연구》 35, 2013, 49-74쪽.
16 이에 대해서는 김현정, 「녹색당은 우리의 대안인가?: 프랑스 환경운동의 역사와 현황」, 《학회평론》 10; 송태수, 「유럽 녹색정치의 발전과정: 독일-프랑스 사례 비교를 중심으로」, 《문화과학》 56, 2008, 164-194쪽을 참고하라.

하여 움직였다. 이 수평적 연대망은 행동주의로 나타났고, 원전 습격 시위, 단식 농성 등으로 이어졌다. 이러한 실천 활동은 1977년 말빌(Malville) 싸움에서 최고조를 이루었고 시위행동대에 스며든 반국가 극좌주의자들에 의해 유혈 사태로 번져 한 명이 죽고 백 명이 부상당하는 사태가 일어났다. 1977년 기초자치단체 선거에서 녹색당은 높은 지지를 획득했다. 당시 프랑스 녹색당은 근본파와 현실파로 의견 그룹이 갈렸는데, 근본파는 압력을 행사하는 사회 세력으로 남자는 것이고, 현실파는 선거 참여를 이루자는 것이었다. 프랑스 녹색당은 1970년대부터 현실파의 입장에 따라 친환경적인 입장의 후보를 지명하는 형태인 '녹색 후보자 리스트'라는 방식으로 총선에 참여해 왔다.

1981년 사회당은 녹색당과 연합하여 적녹연정을 통해서 집권을 했다. 프랑수아 미테랑 정부가 들어서고 뭔가 바뀌리라는 희망과 해체의 분위기가 있었고, 녹색 운동은 사회주의라는 하늘 아래에서 포섭되는 양상이었다. 그러나 사회당은 적녹연정의 정책적 약속을 저버리고 1980년대 들어서 핵 문제에 대해서 요구 불이행을 함으로써 녹색당 운동 지지층의 이반을 가져왔다. 결국 다시 녹색당(Les Verts) 독자 결성으로 돌아서서 사회당 연립정부에서 벗어난다. 1980년대의 프랑스 녹색당 운동은 하나의 암흑기였다고 할 수 있다. 그린피스의 1985년 7월 시위는 녹색당에게 불리하게 작용했으며, 1986년 체르노빌 사태에 따라 왜 프랑스만 비난하고 소련에 대해서는 입을 다무는가, 녹색당은 소련을 편들고 있는가 등의 애국주의적 여론이 녹색당 운동을 압박해 들어갔다. 또한 사회당과의 결별이 만든 정치적 고립에도 불구하고 녹색당은 아주 천천히 약진하고 있었다. 더욱이 이 시기 동안 녹색당은 내부 분열을 겪고 있었는데, 앙투안 베슈테르(Antoine Waechter)를 중심으로 한 자연보호주의자들과 68년 혁명을 이어받아 사회 변혁과 환경 문제를 함께 사고하던 체제 변혁 집단 간의 이견이 첨예해졌다. 1986년 직후부터 베슈테르는 주도권을 장악하여 녹색당은 좌파도 우파도 아니라는 좌우 이념의 통합 입장에서 지지자들을 모았다.

프랑스 녹색당 운동 세력의 분포는 크게 세 가지로 분류된다. 환경 보존 운동, 신사회 운동, 체제 변혁 운동으로 구분할 수 있다. 이것은 펠릭스 가타리가 생각했던 생태학의 세 가지 구도에 조응하며, 그런 점에서 가타리의 도표적 관점으로 이들을 연결시킬 수도 있을 것이다.[17] 그러나 베슈테르가 주도한 프

---

17 이에 대해서는 펠릭스 가타리, 윤수종 옮김, 『세 가지 생태학』(동문선, 2003)을 보라.

랑스 녹색당은 운동의 내부 분열을 겪으며 그 이상으로 나아가지는 못했다. 1988년 대선에서 미테랑 사회당 연합 후보 외에 녹색당의 독자 후보는 필요치 않다고 주장한 브라이스 라롱드(Brice Lalonde)는 미테랑 정부의 환경부 장관이 되었고 이후 베슈테르에 대립해 '생태세대(Generation ecologiste)'라는 독자 정치 조직을 만들어서 움직였다. '생태세대'의 창립은 우파와 극우파에 대해서 모호한 입장을 견지하던 베슈테르와 그의 동료들을 정치적으로 압박했다. 1992년 '생태세대'는 득표율에서 녹색당을 앞섰다. 세력 관계와 정치 관계는 복잡해졌다. 한쪽에는 우파에 대해서 모호한 입장을 취하는 베슈테르가 있고, 다른 한쪽에는 원전 확대 정책을 표방하는 미테랑 정부 내각으로 들어간 라롱드를 두는, 난처한 상황이 전개되었다. 프랑스 생태주의자들에게 이러한 분열은 역설적으로 다양한 선택지로 나타난 것이 아니라 '어떠한 녹색 정치도 녹색적이지 않다'는 공허함으로 귀결되었을 뿐이다. 결국 프랑스의 녹색 정치는 프랑스 국민들의 눈에는 생태주의자 일반에게조차 지지받지 못하고 그저 내부 투쟁에만 전념하는 모습으로 각인되었다. 이러한 분열은 그동안 녹색당에게 부여되었던 신선한 정치의 이미지를 크게 손상했다. 하지만 희망이 완전히 사라진 것은 아니다. 그러는 와중에도 아주 천천히 내부에서 68세대와 그 후예들이 약진하고 있었고, 국면이 전환될 여지도 있었기 때문이다.

1994년 베슈테르는 유럽연합의 조약에 대한 이견으로 녹색당을 탈당했고 자연의 중심성을 강조하는 '독립생태주의자 운동'을 창당했다. 그리고 프랑스 녹색당 내부에서는 세대교체가 일어나기 시작했다. 1995년 대통령 선거에서 알랭 리피에츠(Alain Lipietz) 등 68세대의 주도권하에서 프랑스 녹색당은 '적색과 녹색'을 슬로건으로 내세운 리오넬 조스팽(Lionel Jospin)에게 비판적 지지를 선언했다. 미테랑 정부의 원전 정책에 대해서 제동을 걸지 못했던 라롱드와 달리 조스팽 정부의 환경부 장관으로 들어간 녹색당의 도미니크 부아네(Dominique Voynet)는 녹색 정책을 소신 있게 펼침으로써 우호적인 반향을 일으킬 수 있었다. 가장 중요한 부분은 프랑스 차세대 원자력 기술의 상징이 될 쉬페르페닉스 원전의 보수를 중단—이미 10조 원의 예산이 투입된 상태임에도—하고 원전을 폐쇄하도록 만들었다. 2002년에 5.1퍼센트 정도로 약진하던 프랑스 녹색당은 유럽 통합 이후에 독일 녹색당 및 유럽 각국의 녹색당 등과 통합적인 행보를 하기 시작하면서 몰라보게 변화하기 시작했다. 2009년 《서울신문》 보도에 따르면 유럽연합 선거에서 프랑스 유럽녹색당은 16.28퍼센트의 득표율로 제2당인 프랑스유럽사회당(16.48퍼센트)을 바짝 추격하면서 선전했다.

　이러한 과정을 고려했을 때, 프랑스의 적색 사회주의자들은 탈핵의 과제가 결국 녹색 전환이라는 거대한 산업 구조 재편을 의미한다는 점을 인정할 수밖에 없었다. 현재의 정상적인 산업 구조가 그대로 유지되어야 한다는 우파와 달리, 좌파는 산업 구조가 아주 근본적으로 혁신되는 과정에 탈핵 정책이 있음을 승인해야 하기 때문이다. 그렇기 때문에 현존하는 노동 정책이나 고용 정책, 복지 정책에만 머물러 있는 좌파들은 이러한 녹색 전환의 주체가 될 수 없다는 점도 분명해진다. 한국에서 전기 생산량의 약 30퍼센트를 차지하고 있는 원자력 의존도를 볼 때 프랑스 사회에서의 논쟁은 비단 다른 나라의 문제만은 아니라는 점을 알 수 있다. 결국 녹색당은 적색주의자들을 녹색 전환으로 견인하면서 원자력을 탄소순환에 입각한 재생에너지와 대체 에너지원으로 바꾸는 탈핵의 원칙을 일관되게 주장해야 한다.[18]

18　이 절은 신승철, 『녹색은 적색의 미래다』(알렙, 2013) 중 「프랑스 녹색당과 탈핵」의 내용을 참고했으며, 그것의 일부 내용을 수정 및 보완했다.

5 결론: 근본파와 현실파를 넘어선 세력 양상과 대안

기후위기라는 초유의 사태는 근본파와 현실파라는 이항 분립을 통해서 다양한 배치를 개방했고, 이는 크고 작은 모듈로 작동 중이다. 가장 먼저 구체화된 것은 ① 임박한 위기파인데, 과학과 전문가가 제공하는 막대한 현실에 압도되어 있고, 생태 슬픔과 기후 우울증에 직면하거나, 자신이 요행히 살아남기를 기도하거나, 밑바닥 감정으로 내떨어지는 전락적 실존의 양상 등을 보인다. 이들은 공동으로 기후행동에 나서 대안을 찾아가는 것이 아니라, 개인으로 분해되어 슬픔과 우울 속에서 정보와 지식을 누적시키며, 무의식의 행렬에 따라 비관주의적인 결론을 미리 내리기 일쑤이고, 절망적인 현실 때문에 꼼짝을 못하고 안절부절 못하기도 한다. 기후재난에 대해 엄청난 민감성을 지닌 이 세력들이 현재 생태주의의 구성에서 가장 다수를 차지하고 있으며, 다른 세력을 인큐베이팅하는 모태가 된다는 점을 고려할 필요가 있다. 물론 이들이 임박한 위기라는 바로 그 문제의식에 짓눌려 미래를 열어젖힐 전망과 대안을 도출해 낼 수 있다고 기대하기는 쉽지 않다. 대안을 마련하는 과정에는 메타모델링을 통한 탄력성과 유연성이 크게 필요하지만 이들은 현재로서는 자신들이 실천적으로 무엇을 할 수 있는지에 대해 회의적인 태도에 머물러 있고, 일상 속에서의 작은 실천을 포괄하는 '탈성장으로의 생활 양식의 이행'을 시도하는 일로는 임박한 위기를 타개할 수 없다는 인식에 사로잡혀 있는 경우가 대부분이기 때문이다. 하지만 기후위기와 관련해 최대 다수파가 이러한 침잠, 우울, 밑바닥 감정에 사로잡혀 있다는 점, 즉 허무주의의 지배하에 있다는 점은 (니체의 허무주의 극복의 논리가 그렇듯) 역설적으로 그 이면에 강력한 삶의 의지가 도사리고 있음을 말해주는 것이며, 우리가 향후 어떠한 가능한 출구 전략을 마련하느냐에 따라 극복될 여지도 충분히 가지는 있다고 볼 수 있다.

다음으로 ② 모두의 책임파가 있다. 이들은 문명의 전환과 생활 습관의 변화, 탈성장 등 가장 실천적인 생활 양식에 기반하고 있으며, 이들의 활동 공간이 관계 중심의 마을 공동체나 협동조합, 사회적 경제 등에 있기에 기후위기에 대한 직접적인 대안적 실천 활동을 전개할 수 있는 조건을 갖추고 있다. 모두의 책임파의 맹점은 바로 결과를 바라지 않는 선한 동기에 기반한 운동적인 특징을 갖고 있다는 점이다. 물론 모두의 책임파는 도덕주의/영성주의에 기반한 좁은 문으로 향하는 것이 아니라, 관계에 기반한 공동체주의와 협동조합주의의 넓은 문을 개방하며, 실천적인 자율성과 유연성이 특징이다. 문제가 되는 것은 죄의식이나 양심의 가책을 느끼면서 자신도 기후위기에 책임이 있다는 생각으로 기후행동에 나서지 못하는 결과를 낳는다는 점에 있다. 그런 아킬레스건을 제외하고 기후행동의 주체성 생산은 모두의 책임파에 의해서 더욱 배가될 수 있다는 긍정성이 있다.

그다음으로 ③ 기후정의파는 기후위기를 유발한 제1세계 사람들의 문제를 기후위기를 일으키지도 않는 제3세계 사람들이 떠안아 최대 피해자가 되는 것에 대한 문제 제기이다. 더불어 모두의 책임파처럼 모두에게 책임을 맡기는 것이 아니라, 제1세계 부유층인 전 세계 인구 20퍼센트에게 책임이 있음을 분명히 한다. 기후행동과 기후소송뿐만 아니라, 기후위기에 직면한 탄소 예산의 소멸까지의 시점을 소급적으로 계산해서 기후정의 실천의 시나리오적 접근법을 하는 경우도 있다. 기후정의파는 석탄화력발전소, 대기업, 전기 용광로 등에 대해서 강력한 문제 제기를 하는데, 육식의 문제 등은 슬로건으로 채택하지 않는 경향도 있다. 최근 각국에서는 미래 세대에 대한 세대 간 정의나 노동자들에 대한 정의로운 전환 등으로 문제 제기가 확산되고 있다.

다음으로 ④ 체제 전환파는 생태마르크스주의, 사회생태주의, 생태사회주의 등으로 구성된 전환 세력들의 연합체이다.

체제 전환으로서의 '변혁/변형(transformation)'이 아닌 자리 바꿈으로서의 전환인 '이행/자리 옮김(transition)'으로는 부족하다는 문제의식을 갖고 있으며, 따라서 사회 구조와 시스템으로 안착한 고정된 틀을 전면적으로 부각시키면서 그 집중된 형태인 자본주의 체제를 근본적으로 변혁해야 한다는 점에 초점을 맞추는 세력이다. 그러나 구조 혁명이 갖고 있는 특유의 무기력 지층과, 제도와 시스템 전환에 모든 실천을 맡기는 등의 문제 역시도 갖고 있다. 이는 자본주의 체제 전환을 주장하면서도 자꾸 무의식적으로 불변항의 구조를 떠올리며 실천하기 때문이다. 노동 운동, 사회주의 운동, 코뮌주의 등을 망라하지만, 결국 구조 혁명이 갖고 있는 세부 제도 생산이나 시스템 다이내믹스의 설계, 섭씨 1.5도에 최적화된 생활 양식 제시 등도 함께 필요하다는 점에 대해서 간과한다.

기후 전선체의 내부 배치와 세력 역학 관계

세력	배치의 형태	주체성 생산	제도에 대한 태도	기후전선체에서의 역할	전략 구사
임박한 위기파	고른 분포 (좌우를 망라)	취약	관심 없음	판 제공	전략 없음

모두의 책임파	사회적 경제, 풀뿌리	취약성과 가능성 모두 가짐	관심 없음	후방	생활에서의 전략
기후 정의파	제도 개혁가	가능성 가짐	관심 많음	전위 부대	전략 있음
체제 전환파	노동 운동과 변혁 세력	취약	관심 많음	전위 부대	전략 있음

　　여기서 우리가 주목할 사항은 기후위기에 대한 세력 배치에서도 보이듯이 근본파와 현실파의 명제들은 기후위기에 대한 저항에 있어서는 서로가 서로를 보완해 주는 역할을 한다는 점에 있다. 그런 점에서 녹색 운동에서의 핵심적인 논쟁이었던 근본파/현실파의 논의를 아주 역동적인 체계로 만들어내는 제도적인 상상력이 필요한 시점이다. 그렇지 않다면 이러한 치열한 논의 과정에서 나오는 뾰족하고 날카로운 첨단점의 중요성에 대해서 간과하게 될 수도 있다. 녹색 운동, 생태 운동에서의 각 세력들이 어떤 배치와 논리를 갖고 있는지를 신중하게 살폈을 때 우리의 다음 발걸음이 가능해질 것이다. 그것이 원칙에 충실하며, 현실에 유능한 녹색의 길일 것이다.

Beyond the
Conflict between
Fundamentalist and
Realist in Ecological
Movements

3장

근본파와 현실파를 넘어서는
펠릭스 가타리의 윤리-미학적 패러다임

30여 년 전에 출간된 펠릭스 가타리의『세 가지 생태학』(1989)은 안타깝지만 현재까지도 유용한 책이다. 가타리는 자신의 책에서 신자유주의 시장경제 체제로 인해 갈수록 벌어지는 빈부 격차와 소외되는 여성, 유색 인종, 소수 민족, 불안정 노동자(프레카리아트)나 청년층 등을 언급하며 인종 및 민족, 종교, 젠더 갈등의 심화를 우려했다. 그 시절, 가타리가 지적했던 지구 행성의 위기는 과거보다 더 심화된 채로 여전히 지속 중이다.

하물며 상황은 더욱 심각해지고 있다. 가타리가 미국 내 홈리스 양산 및 젠트리피케이션의 주범이라며 실명까지 직접 언급했던 도널드 트럼프는 2017년, 미국의 제45대 대통령으로 취임한다. 그의 집권 이후, 세계가 더욱 우경화되었다는 사실을 부정하기는 어렵다. 미중 패권 다툼 속에서 갈수록 심화되는 경제 위기는 각국이 민족주의를 강화하는 데 일조했고, 전지구적 기후변화의 심각성이 매년 최고조를 경신하고 있는 가운데 트럼프 미 정부의 파리기후협약 탈퇴ㅡ조 바이든 집권 이후 재가입ㅡ는 국제적인 기후변화 대응에 혼선을 빚었다. 나아가 2020년 발생한 코로나19 팬데믹은 세계를 유례없는 혼란에 빠뜨렸는데, 이 악독한 전염병은 가난하고 약한 이들에게 더 강력한 피해를 입히며 세계의 균형을 깨뜨렸다. 예측불허의 세계 정세 속에서 2022년 2월 24일 러시아 대통령 블라디미르 푸틴의 우크라이나 침공으로 발생한 우크라이나-러시아 전쟁은 '신냉전' 체제에 대한 우려를 고조시키고 있다.

현 시점에서 가타리의 주장을 다시금 떠올려본다. 가타리는 세계에서 벌어지는 정치·경제적 문제뿐 아니라 개인의 마음속에서 벌어지는 심리적인 문제마저도 생태주의와 결부되어 있다고 보았다. 따라서 그는 '근본파'와 '현실파'로 양분되어 있는 생태주의 운동 내에서 제3의 길을 제안했다. 근본파가 생태적 문제의 근본적인 해결을 위해 강경하게 나가는 노선이라면, 현실파는 현실적인 사안들을 고려하여 지금 당장 실천하고 해결할 수 있는 문제부터 타협적으로 풀어나가고자 하는 노선이다. 근본파도, 현실파도 아닌 관점에서 가타리는 생태주의를 세 가지 차원으로 분류한다. 1) 마음생태와 근본생태주의. 2) 사회생태와 사회생태주의. 3) 자연생태와 환경관리주의. 그는 이를 '세 가지 생태학'이라 부르며 어느 한쪽을 지지하기보다 이것들이 서로 맞물리는 것이 중요하다고 주장한다.[1] 세 가지 생태학은 각기 다른 특징을 가진 실천으로서 서로 구별되지만 동시에 하나의 공통적인 윤리-미학적인 영역에 속하는 것으로 받아들여져야 한다.[2]

가타리는『세 가지 생태학』이후 집필한『카오스모제』(1992)에서 근본파, 현실파 논쟁을 뛰어넘어 '윤리-미학적 패러다임'으로의 전환을 제안한다.[3] 쉽게 말하면 '예술가의 방식'이 필요하다고 제언한 것이다. 그런데 생태철학 논의에서 왜 갑자기 '윤리-미학'이라는 개념이 대두되는 것일까? 가타리는 왜 예술가의 방식을 생태주의 운동의 실천에 있어 핵심적인 방식이라 제안하는 것일까? 예술가의 방식이 과연 무엇일까?

이 장에서는 '윤리-미학'과 예술가의 방식이 무엇인지, 구체적인 예술 작품을 사례로 가타리에 관해 이야기해 보려 한다. 퍼포먼스 예술은 가타리가 강조하는 '예술의 창조적 방식'

---

1 펠릭스 가타리, 윤수종 옮김,『세 가지 생태학』(동문선, 2003), 39쪽.

2 같은 책, 57쪽.

3 펠릭스 가타리, 윤수종 옮김,『카오스모제』(동문선, 2003), 17쪽.

과 가장 밀접한 장르다. "낯설면서도 친숙한 세계들의 출현에 현기증을 느끼면서 찰나를 살아가게 하는 것"이라는 점에서 다.[4] 오페라 퍼포먼스 〈태양과 바다(Sun & Sea(Marina))〉(2019)[5]를 살펴보며 생태주의 운동에서 근본파와 현실파 논쟁을 넘어 윤리-미학적 패러다임으로 전환해야 한다는 가타리의 주장을 곱씹어본다.

1 예술이 가진 윤리-미학적 역량

지난 2019년, 58회째를 맞이한 베니스 비엔날레[6]의 황금사자상은 다소 의외의 국가에게 돌아갔다. 열악한 요건에도 불구하고 오페라 퍼포먼스 〈태양과 바다〉를 선보인 리투아니아에 주어진 것이다.

2년에 한 번 개최되는 세계적 예술 축제인 베니스 비엔날레에서는 권력의 논리를 비판하는 주제의 동시대 미술 작품

---

4 같은 책, 120쪽.

5 〈태양과 바다〉의 2019 베니스 비엔날레 공식 트레일러 영상. https://youtu.be/KeCek-KVKP4(2023년 6월 5일 접속)

6 2019년 58회 베니스 비엔날레는 'May You Live in Interesting Times(당신이 흥미로운 시대에 살기를)'이라는 제목으로 5월 11일부터 11월 24일까지 개최되었다.

들이 자주 등장한다. 그러나 한편으로는 여전히 강대국의 자국 중심주의가 작용하고 있다는 모순이 숨어 있다. 주 행사장인 '자르디니(Giardini)' 안에는 영국, 미국, 프랑스, 러시아, 독일 등 26개 국민이 전용 국가관(pavilion)을 가지고 들어와 있다. 비엔날레를 찾은 관람객들은 자연스럽게 주요 국가관 위주로 관심을 갖고 그곳들을 방문한다. 나머지 참가국들은 매해 행사장 주변의 빈 건물을 임대해 국가관으로 전시장을 꾸리고는 한다. 리투아니아 역시 전용 국가관이 없어 비엔날레 참여를 위해서는 전시관을 임대해야 하는 상황이었는데, 그마저도 주요 거점에서 비켜난 곳이었다. 베니스 비엔날레의 주요 장소 중 하나인 아르세날레(Arsenale) 바깥 주변부에 있는 해군기지를 대관

베니스 비엔날레　　　　　　　　　　　　· 개념어 쪽지 ·

베니스 비엔날레는 1985년 처음 개최된 이래로 100여 년 동안 이어져 왔는데, 전 세계의 많은 국가들이 참여하고 국가관 시스템을 유지하고 있기 때문에 만국 박람회의 성격을 갖고 있다. 이러한 점에서 여전히 제국주의적이고 서구 중심의 관습적 시스템이 고착화되어 있다는 비판을 받기도 한다. 특히 참여 국가에 비해 국가관을 소유하고 있는 국가들의 수는 훨씬 적어, 국가관의 보유 여부는 일종의 국력을 상징하기도 한다. 베니스 비엔날레 기간 동안 국가관은 각 국가들의 전략적 이데올로기적 공간으로서 작용하며, 각 나라별로 경쟁 구도가 형성되기도 한다. 아시아 국가로는 한국과 일본이 유일하다. 한국은 1995년 26번째로 건립되었는데 이는 독일관 대표로 황금사자상을 수상했던 미디어 아티스트 백남준이 백방으로 노력하여 얻어낸 성취이기도 하다.

할 수밖에 없었던 것이다. 상황이 그러하니 관람객들이 전시장을 찾지 못해 길을 헤매는 것은 다반사였다. 그뿐만 아니라 퍼포먼스에 출연하는 배우들의 출연료 지급에도 어려움을 겪어 전시 자체가 지속되지 못할 경제적 문제에 시달릴 정도였다고 한다.[7] 그런 점에서 본다면 리투아니아의 수상은 분명 특별한 지점이 있다.

리투아니아의 황금사자상 수상에 가장 큰 힘을 보태준 것은 그해 베니스를 덮친 '이상기후' 현상일지도 모른다. 비엔날레가 개최된 직후였던 5월의 베니스 날씨는 우리나라 초여름 기후여야 했지만, 흐린 날씨가 계속되며 축축한 비가 연신 내렸고 기온도 13도에 머물러 때 아닌 추위를 호소하는 사람들이 많았다.[8] 그런 찰나 관람객들이 비를 맞고 오들오들 떨며 들어간 리투아니아 국가관 안에서 마주한 것은 바로, 한가롭게 해변에 누워 일광욕을 즐기는 휴양지의 풍경이었다. 정확히는 그러한 풍경을 연출한 오페라 퍼포먼스 〈태양과 바다〉였다. 전시장 바깥의 상황을 비웃기라도 하듯, 내부에서는 인공 모래사

7 김미진, 「공유와 고유감각의 확장에 대한 큐레이팅 고찰—58회 베니스 비엔날레의 리투아니아관과 프랑스관」, 《예술과 미디어》 19(2), 2020, 45쪽.

8 손영옥, 「베네치아에서 한국의 미세먼지를 생각하다」, 《국민일보》, 2019년 05월 17일. https://news.nate.com/view/20190517n02123?mid=n0404 (2023년 6월 5일 접속)

리나 라펠리테(Lina Lapelytė), 바이바 그레이니테(Vaiva Grainytė), 루자일 바르쯔디우카이트 (Rugilė Barzdžiukaitė)의 〈태양과 바다〉. 2019년 제58회 베니스 비엔날레 리투아니아관 전경 사진.

장에서 해수욕을 즐기는 사람들의 전혀 다른 세상이 나타났던 것이다. 당시 실제로 퍼포먼스를 관람했던 체험 후기를 나눠 준 지인은 물론, 그외 다른 관람객들 역시 '기후변화가 강렬하 게 내 피부에 와 닿았다'는 체험 후기들을 내놓았다.[9] 리투아니

---

9 물론 이러한 경험은 5월에 관람한 관람객들에게만 해당할 수 있다. 하지만 그해 내내 베
   니스가 이상기후에 고역을 치른 것은 분명한 사실이다. 7월에는 유럽 전역에서 기승을 부
   린 폭염이 문제였고, 11월에는 역대 최악의 아쿠아알타(aqua alta, 홍수)가 베니스를 강타

아관에서 벌어진 이 독특한 퍼포먼스를 감상하면서 동시에 작품의 일부가 되었던 관람객들은 자신들의 인식에 내재하고 있었지만 명확하게 떠올리고 있지는 않았던, 잠재적인 전 지구적 기후위기를 체감했던 것으로 보인다.

〈태양과 바다〉는 영국 서펜타인 갤러리의 큐레이터 루시아 피에트루와스티(Lucia Pietroiusti)와 리투아니아의 작곡가 리나 라펠리테(Lina Lapelytė), 극작가 바이바 그레이니테(Vaiva Grainytė), 감독 루자일 바르츠디우카이트(Rugilė Barzdžiukaitė)가 함께 만든 오페라 퍼포먼스다.[10] 인공 모래사장 위에 성별도 나이도 제각각인 사람들이 여느 해변의 풍경처럼 각자 자신만의 방식으로 일광욕을 즐기며 아리아를 부르는 이 오페라 퍼포먼스는 정형화된 클래식 오페라의 형식을 깨뜨린다.

작품이 벌어지는 공간 속에서는 해변에 누워 책을 보거나 휴대폰을 보며 시간을 보내는 사람들, 모래성을 쌓거나 뛰노는 아이들, 누군가가 데리고 온 반려동물 강아지의 모습 등을 찾

해 이탈리아 정부가 국가비상사태를 선포할 지경에 이르기도 했다.

10 전시의 총괄을 맡은 루시아 피에트루와스티는 생태학, 종간 관계, 식물 지능에 관해 지속적으로 연구 중인 큐레이터이며, 나머지 세 작가 리나 라펠리테, 바이바 그레이니테, 루자일 바르츠디우카이트는 리투아니아에서 활동하며 세상의 종말이나 과소비의 값비싼 쾌락에 관한 재치 있고 정치적인 오페라 퍼포먼스 작업을 지속적으로 제작해 왔다. 김미진, 앞의 글, 2017, 45쪽.

아볼 수 있다. 이 안에서 배우들은 실제로 휴가를 즐기는 휴양객처럼 행동하며 대체로 누워서 노래를 부른다. 그 외에 다른 인물들은 모두 각자 자유롭게 행동하기 때문에 때때로 개가 짖거나, 아이들의 웃음소리, 또는 관람객들의 웅성거림까지 어우러져 여러 주변의 소음들이 모두 극의 일부가 된다.

나아가 〈태양과 바다〉는 하나의 극적인 서사가 기승전결에 따라 진행되는 대신, 각 캐릭터들이 자신의 사소한 이야기를 번갈아가며 아리아로 부르고 중간중간 합창을 하는 방식으로 흘러갔다. 화산 폭발과 관련된 젊은 커플, 자녀와 함께 해변을 찾은 부유한 엄마, 과로에 소진된 워커홀릭, 불평불만이 많은 사람, 철학자, 그리스 신화에 나오는 바다의 요정 '사이렌(Siren)' 등이 주요 아리아를 부르는 배역으로 등장한다.

2 신체로 감각하는 아이러니의 향연

해변에 누워 쉼을 즐기는 배우들이 부르는 아리아에는 흔히 들을 수 있는 일상적 대화나 자신의 부에 대한 허영심 가득한 '플렉스', 평범한 불평불만과 같은 사소한 내용이 담겨 있다. 중간중간 우스운 사족까지 덧붙이면서 비교적 유쾌하고 가벼운 노랫말을 가졌지만, 역설적이게도 느리고 "음울하기 짝이 없거나"[11] 다소 비장한 선율로 노래된다. 혹자는 장송곡 같다고 묘사하기도 했다. 노랫말의 내용과 전혀 어울리지 않는 표현 형식을 지닌 멜로디는 관람객들에게 기이한 느낌을 선사했다.

낯선 느낌이 야기하는 감각적 경험은 언어가 전달하는 내용보다 더 강렬하고 포괄적인 메시지를 전달한다. 어딘가 이상한 느낌이 꼬리를 물고 떠돌아 다니든가 하는 것이다. 이를 위해 〈태양과 바다〉 속 주요 아리아들의 가사를 통해 내용적인 측면부터 살펴볼 필요가 있다. 극의 맨 첫 번째 아리아 '선크림 보사노바(Sunscreen Bossa Nova)'는 '이리 줘, 다리에 발라야겠어. 안 그러면 나중에 살갗이 다 벗겨지고 갈라질 거야. 이리 줘, 내가 발라줄게. 안 그러면 너 랍스터처럼 빨개질 거야'라는 짧은 가사로 구성되어 있다. 해변의 풍경에서 흔히 있을 법한 대사이지만, 햇빛의 강렬함에 대한 묘사가 심상치 않다.

부유한 계층으로 보이는 아이 엄마가 부르는 아리아에서는 자신의 여덟 살짜리 아이가 벌써 세계의 바다 두 곳을 방문해 수영해 보았으며, 호주에 있는 세계 최대의 산호초 지대인

---

11 당시 베니스 비엔날레에서 직접 퍼포먼스를 관람한 손영옥 기자의 칼럼에서 등장하는 생생한 표현이다. 손영옥, 앞의 글.

그레이트 배리어 리프(Great Barrier Reef)에서 스쿠버다이빙을 했다는 일종의 과시가 담겨 있다. 그는 자신들의 다이빙 체험에 2명의 사진작가가 함께했고 이것이 패키지 가격에 포함되었다거나 그레이트 배리어 리프에 위치한 호텔과 레스토랑, 그곳에서 자신이 향유한 소비에 대한 찬사를 부르며 자신들의 '휴가 플렉스'를 자랑한다. 그러나 그러한 가사가 담긴 선율은 무척 비장하다.

관람객들이 느끼는 이질적이고 기묘한 감각은 각 배우들이 돌아가며 부른 아리아의 1절이 끝나고 2절을 부르기 시작할 때부터 더욱 짙어진다. 이때 각 아리아의 2절은 모든 배우의 1절이 끝난 뒤 시작된다. 1절과 2절의 구성은 반복되는 듯하면서도 내용상의 변주가 이뤄지기 때문에 주목할 만하다. 2절에서는 보다 골계미를 드러내는 내용들로 인해 작업 전체가 전달하는 강렬함이 고조되는데, 이러한 형식적 배치는 기존의 희곡 기반의 공연 예술이 취하는 '기승전결'의 구조와는 다르다. 선형적인 기승전결이 아니라, 마치 돌림노래처럼 반복되는 형식적 배치를 따르면서도 그 속에서 약간의 차이를 만들어내는 것이다. 그렇기 때문에 극의 절정이 한 번에 크게 몰아치고 사라지는 것이 아니라 썰물과 밀물을 반복하는 파도처럼 끊임없이 이어지며 관람객들을 계속 일렁이게 한다.

앞서 살펴보았던 부유한 여성은 2절에서 그레이트 배리어 리프의 창백한 하얀색 산호뿔들이 주는 아름다움을 꼭 봐야 한다고 노래한다. "이 얼마나 놀라운 광경인가. 이 표백되고, 하얗게 질린 산호뿔들. 이건 꼭 봐야 해. 말로는 다 묘사할 수 없어!" 그런데 울긋불긋 각양각색의 산호가 아닌 '하얀색의 산호'를 곰곰이 떠올려보자. 흔치 않은 아름다운 풍경으로 보일지도 모르나, 그것은 사실 산호들의 죽음, 산호들이 백화되어 집단 폐사된 비극적인 상황을 뜻한다. 죽은 산호 숲을 보며 그 사실을 알지 못한 채 아름다움을 찬사하는 '웃픈' 상황이 관람객들의 머리를 스친다. 각 인물들이 부르는 아리아의 2절에서도 선율은 여전히 구슬프지만, 가사는 속절없이 명랑하다. 그러나 2절에 접어들면서는 자꾸만 어딘가 이상한 느낌, 낯설고 기묘한 상황들이 내재된 가사가 관람객들을 사색하게 한다. 특히 개막 초기에는 그러한 효과가 더 강렬했을 것으로 보인다. 5월의 이상 저온 현상을 겪는 베니스를 경험하는 중인 관람객들에게는 18번째 아리아가 전시장을 울려 퍼졌을 때, 마치 현 상황을 예견하는듯한 내용에 퍼포먼스가 풍자하고자 했던 전체 맥락이 서서히 조각 맞춰지기 시작했을 것이다.

18.

불평불만하는 사람의 노래

II.

모든 것이 어긋나고 있어요.

5월의 시작에 서리와 눈이 내리고, 겨울은 우리에게 새싹과
버섯을 줍니다……

우리는 우리 농가에서 크리스마스를 보냈어요.

그런데 올해는 서리도, 눈도 없었어요. 마치 부활절을 보내는
것 같은 기분이더군요!

특이하고, 정말 아주 특이한, 묘한 분위기가 형성되었어요.

이른 아침, 남들보다 먼저 일어나 숲 속에 가보았습니다.

마치 봄날처럼 상쾌한 초록빛 이끼가 가득하더군요.

그리고 길을 걷다 우물 너머로 세 개의 살구버섯을 발견했어요.

12월의 끝자락인데 말이에요. 어떻게 된 일일까요?

마치 할머니가 즐겨 하셨던 말 같아요.

"세계의 종말!"

그레이트 배리어 리프의 백화 현상, 전 지구적으로 나타나
는 이상기후 현상뿐 아니라 퍼포먼스 속에서는 인간이 남긴
쓰레기로 인해 몸살을 앓는 해양 오염과 그것이 되레 자신에

게 피해로 다가왔을 때 내뱉는 사람들의 불평불만, 휴양지에서 조차 제대로 쉬지 못하고 자신을 채찍질하는 워커홀릭, 해변 위의 공산품들이 전 세계에서 생산됐음을 말미암아 '실크로드의 패러디'라고 표현하는 철학자의 통찰 등의 다채로운 이야기는 극의 후반부로 갈수록 점차 윤곽을 드러낸다.

이처럼 각 배우들이 한 차례 1절을 부른 뒤, 순환하듯 2절을 부르기 시작하면 아리아의 내용이 표면적으로는 일상적일지라도, 곱씹을수록 섬뜩하거나 허를 찌르는 내용들이라는 것을 알 수 있다. 이 작품은 하나의 메시지를 전달하기 위한 직접적 말하기 방식을 택하지 않는다. 주의를 환기하면서 극의 내용과 의미를 전달하는 것도 충분히 효과가 있겠지만, 이것보다 예술 형식의 파괴에서 오히려 더 큰 강렬함을 촉발하며 형식 그 자체로 강한 메시지를 수반했을 수 있다.

즉, 〈태양과 바다〉가 관람객들에게 강렬한 체험을 선사하고, 더 많은 생각을 불러일으키는 까닭에는 내용적인 측면과 동시에 작동하는 작품의 표현적인 측면이 있다. 〈태양과 바다〉 퍼포먼스에서는 표현의 형식적인 측면에서 관람객들의 신체에 미치는 효과와 노랫말-텍스트를 통해 전달하는 의미가 이중적으로 강렬하게 작동하고 있다.

〈태양과 바다〉는 관람객들의 여러 신체 감각들을 자극한다. 형식적으로는 기존 공연 예술, 특히 오페라가 갖는 형식을 완전히 깸으로써 이질적인 경험을 선사한다. 바깥의 상황과 대조적으로 따사로운 햇볕이 내려앉는 평화로운 해변가의 풍경 속에서 배우들은 대부분 수영복 차림으로 누워 있거나 앉아서 여유를 즐긴다. 극의 장마다 장면이 단절되고 접붙어 있는 것이 아니라 마치 한 막이 계속 이어지듯이 지속된다. 그도 그럴 것이 이 퍼포먼스는 무대 위에서 벌어지는 것이 아니기 때문에 장면 전환 같은 것이 불가능하다. 그 대신 〈태양과 바다〉는 아리아를 부르는 가수를 따라 관람객의 시선을 이동시킨다. 하지만 노래를 부르는 배우 쪽으로 스포트라이트를 보내거나 주의를 집중시키지 않기 때문에, 관람객은 언제나 누가 노래를 부르고 있는 것인지를 직접 찾아내야 한다. 또 아리아를 들으면서도 사방으로 눈을 돌려 자신의 시각적 호기심을 채울 수 있다. 예를 들어, 세이렌이 노래를 하더라도 자신의 반려견과 시끄럽게 장난치는 아이를 바라보고 있을 수 있는 것이다. 그러므로 관람객에게는 자신이 바라봐야 하는 어떤 장면이 주어지는 것이 아니고, 마치 계속해서 움직이고 약동하는 하나의 세계 속에 자신이 놓여 있는 듯한 경험을 하게 된다. 그 속에서 개인마다 모두 다른 시각적 경험을 할 수 있으며, 그로 인해 〈태양과 바다〉는 개별 관람객이 '완벽하게 동일한' 작품을 봤다고 말하기 어려울 만큼 다양한 의미들을 가질 수 있게 된다.

또 대부분의 아리아는 평화로운 분위기의 시각적 장면과 대비되는 음악으로 구성되어 있다. 노랫말에서도 나타나는 평범하고 일상적인 내용들과 시각적인 장면이 자연스럽게 이어질 수 있는 흐름을 음울한 멜로디가 깨뜨리고 방해한다. 〈태양과 바다〉의 전체 음악들은 형식적으로는 장조에 가까울지 몰라도, 실제 사람들의 귀에 들리기에는 비장하다. 성당에서 자주 들었을 법한 느낌으로 성스러우면서도 느리고 우울한 음율은 관람객들의 눈앞에 펼쳐진 해변에서 휴가를 즐기는 현대인들의 모습 그리고 자신의 부를 과시하거나, 자신의 '번아웃' 상태를 노래하는 가사와는 어색한 대비를 이룬다. 관람객들은 '진짜' 해변의 풍경을 옮겨놓은 듯한 광경을 보면서 동시에 가사집에 적힌 해학적이고 짧은 가사를 빠르게 눈으로 읽고, 귀로는 축 처지는 음악을 듣는다. 이러한 이중적 모순 사이에서 공명하는 '무언가', 어딘가 조화롭지 못하고 매끄럽지 않은 느낌을 경험하게 된다.

시각이나 청각에 이어 촉각, 온몸으로 느껴지는 감각 역시 중요하게 작동한다. '기후변화를 피부로 느꼈다'는 관람객들은 아마도, 이상 저온 상태의 베니스에서 추적추적 내리는 비에 젖은 몸으로 리투아니아관에 들어섰을 것이다. 그러고는 그

곳의 후끈하고 따뜻한 공기와 마주치며 급작스러운 온도 변화를 경험하게 된다. 모순적인 촉각 경험이 피부에 바로 와닿는 것이다. 이처럼 〈태양과 바다〉는 작업을 이루는 모든 요소들이 어딘가 삐걱거리며 불화하고 있어, 이를 관람하는 관람객들은 어긋나고 어색한 느낌을 자신의 신체로 느끼게 된다.

3 시간 속에서 공간을 부유하며 퍼포먼스 예술과 관계 맺기

〈태양과 바다〉의 기획자들은 극과 음악 및 시각적 이미지가 혼합된 퍼포먼스 예술로 연출했다. 이는 관람객들을 생생하게 실시간으로 벌어지는 특별한 사건으로 둘러싸이게 만든다. 사람들의 시선을 끄는 스펙터클한 해변가 이미지와 비장한 음악, 해학적인 가사라는 이질적인 결합은 관람객들의 마음을 흔들었다. '오페라'는 이미 정해져 있는 형식을 지키는 것이 매우 중요한 전통적인 공연 예술 장르이다. 그럼에도 고정된 형식과 규칙을 파괴하고 실험적인 것을 선호하는 컨템포러리 예술가들이 '오페라' 형식을 차용했다는 것은 퍽 흥미롭다. 물론 그들은 철저하게 오페라의 형식을 따르지 않았지만 말이다. 특별히 '오페라'라는 장르를 차용한 것에 대해, 작곡을 맡은 리나 라펠리테는 "음악과 시각적 볼거리, 텍스트가 공존하기 때문에 그것의 형식적 변주를 가할 수 있는 잠재성이 무궁무진하고, 또 어떤 아이디어를 굉장히 아름답고 로맨틱하게 만들기 때문"이라고 밝혔다.[12]

기획자들이 이 작품을 무대에서 벌어지는 공연 예술로서 단순한 오페라를 기획하지 않고, 관람객과 퍼포머의 경계를 보다 불명확하게 만드는 '퍼포먼스 예술' 형식을 차용했던 점은 굉장히 전략적이라고 할 수 있다. 전시장 내에서 벌어지는 퍼포먼스의 각종 상황들—이를테면 아리아를 부르는 퍼포머의 행위뿐 아니라 그 옆에서 비치발리볼을 하는 청춘남녀들의 모습이나 자기들끼리 수다를 떠느라 여념이 없는 사람들, 열심히 짖어대는 개의 행위들을 모두 포함하는 다변적인 상황 속에서, 관람객의 신체는 예상치 못한 상황들을 체현하게 된다. 물론 관람객들이 완전히 해변 안에 들어가는 것은 아니다. 공연이 진행되는 동안 관람객들은 2층의 발코니에 서서 아래를 내려다보는 방식으로 퍼포먼스를 관람한다. 무대 앞에 객석이 분리된 전통적 형태의 공연장이 아니라 무대 내 기둥들로 지탱

---

12 작곡가 리나 라펠리테, 시인이자 극작가 바이바 그레이니테, 영화나 연극을 연출하는 감독 루자일 바르쯔디우카이트의 인터뷰 영상. https://www.youtube.com/watch?v=fd-sEjVHtF8

되는 공간에서 전체 무대 위에 부유하듯 관람객들이 위치하는 이러한 구도는 공간 내에서 공명하는 소리와 사건들이 자신들의 신체와 마주치고 있음을 더 잘 느끼게 한다. 또한 퍼포먼스가 진행되는 시간은 관람객이 살아가는 시간과도 마주한다. 동일하면서도 상이한 관람객과 작품의 시간이 잠시 맞닿는 것이다. 그러므로 전시장에서 벌어지는 상황의 완전한 바깥이 아닌 외부와 내부 사이에 위치한 관람객들은 작품의 전체 일부이면서 동시에 예술과 현실에 걸쳐져 있다.

더 이상 나의 현실과 분리되지 않는 예술 작품을 체험하면서도, 관람객들은 이질적인 상황들과 충돌한다. 〈태양과 바다〉와 같은 퍼포먼스 예술은 낯설면서도 친숙한 세계들을 출현시키고, 관람객들은 매 찰나 진부한 일상과 부딪히는 것에 기이한 느낌을 받는다. 가타리는 이러한 지점에서 퍼포먼스 예술이 "일상성이라는 기호적 그물망을 깨뜨리고 비기표적인 강렬한 차원들을 추출하면서 우리를 새로운 주체성들로 구성된 존재로 도약하게 한다"고 주장한다.[13] 즉, 퍼포먼스 예술은 언어가 전달하는 메시지의 선형적 해석을 강조하고 답을 제시하는 게 아니라, 사건을 발생시키고 이를 통해 질문을 촉발시키고 새롭

13 펠릭스 가타리, 앞의 책, 120쪽.

게 구성된 '나'를 마주하게 한다.

예컨대, 〈태양과 바다〉를 관람하며 개개인의 신체에 닿은 어떤 느낌들은 사람들의 마음속에서 출발해 머리로 이어진다. 누군가는 이 작품을 보며 기후위기를 생각하겠지만, 누군가는 빈부격차, 자본주의의 폐해 또는 인종차별 문제 등을 떠올릴 수도 있다. 관람객들은 작품이 다루는 '무엇'에 대해 모두 제각기 다르게 받아들일 수 있고, 그들의 해석 역시 각기 다를 수 있다. 여기서 신체는 물리적 차원의 몸뚱이의 의미를 넘어서서 '비물형적인(incorporeal) 몸'으로 이해되어야 한다.[14] 신체는 사건이라는 개념과 뗄 수 없는 관계를 지닌 채, 외부와 관계하며 무엇을 마주치느냐에 따라 상이하게 변화할 수 있는 변화 잠재력을 가진 것이기 때문이다.[15] 즉, 관람객들의 신체는 〈태양과 바다〉와 같은 퍼포먼스 예술과 마주침에 따라, 자신이 위치한 일상적 상태의 시공간에서 벗어나 재조성, 재창조된다.[16] 이는 신체의 물리적 형태가 변화한다는 게 아니라, 비물형적 신

---

14 브라이언 마수미는 신체가 멈추지 않고 변화하는 것임을 주장하며 고정된 사물, 객체처럼 보는 기존의 시각을 타파하고자 '비물형적 몸'이라는 개념을 제안한다. 마수미는 질 들뢰즈와 앙리 베르그송, 바뤼흐 스피노자, 알프레드 노스 화이트헤드, 윌리엄 제임스 등의 이론 등을 토대로 신체와 정동을 실용주의(pragmatism)적으로 풀어내며 자신만의 미디어-정치 이론을 발전시키고 있다.

15 브라이언 마수미, 조성훈 옮김, 『가상계』(갈무리, 2011), 15-16쪽.

16 펠릭스 가타리, 앞의 책, 120쪽.

체로서 우리의 신체가 다른 존재 양태로 변이할 수 있도록 구성된다는 것이다.

나아가 관람객과 관계 맺는 작품 자체의 의미 역시 다양하게 직조되어 간다. 비단 관람객의 신체만 변화하고 계속해서 생성되는 것이 아니라, 관람객-퍼포먼스 사이에서 〈태양과 바다〉라는 작업 역시 결정되지 않은 채, 끊임없이 다른 것들과 연결 접속을 늘려가며 변주하는 '다양체'로서 존재하게 되기 때문이다. 다시 말해, 신체와 작품 모두 '다양체'다.

질 들뢰즈와 펠릭스 가타리는 『천 개의 고원』(1980)에서 '다양체'를 하나이자 여러 개일 수 있는 것이라 정의한다. 다양체는 무한한 연속으로 생성되고 도래하는 사건들로 이뤄진 하나의 블록으로 고정된 것이 아니라 끊임없이 변화하는 것이자, 하나로 정의될 수 없는 것이면서 하나인 것이라고 할 수 있다. 이러한 다양체의 속성을 들뢰즈와 가타리는 '역동적 통일성(dynamic unity)'이라 지칭한다. 퍼포먼스 예술과 '나'라는 존재 역시 이러한 다양체로서 역동적인 통일성을 가졌다고 볼 수 있다. 일의적인 존재가 아니라, 무엇인지 결정되지 않은 미결의 상태에서 무한한 잠재성을 가진 다양체로서 모든 존재들은 무엇과 혹은 누구와 연결 접속하고 어떻게 배치되느냐에 따라 변이하는 존재로 지속된다.

4 윤리-미학적 패러다임으로 나아가기 위한 문턱 만들기

58회 베니스 비엔날레의 총감독이었던 랄프 루고프(Ralph Rugoff)가 제시했던 주제는 '당신이 흥미로운 시대 속에 살기를'이었다. 그는 자신의 비엔날레 선언문에서 참여 예술가들의 작업이 "어떤 것들을 연결하고 재배치하는 다른 방법을 제시함으로써 우리가 어떤 사실의 의미를 다시 생각하게끔 자극한다"고 설명했다.

리투아니아관의 〈태양과 바다〉는 그러한 루고프 감독의 주제와 가장 잘 연관된 전시가 되었다. 〈태양과 바다〉 퍼포먼스가 더욱 강렬한 정동을 발생시킨 까닭은 우발적이지만 베니스에 나타난 기후변화가 또 다른 배치를 만들어냈기 때문이다. 나아가 〈태양과 바다〉에서는 기후위기 시대의 변화 양상을 담는 것에만 그치지 않고, 다양한 사회 문제, 이를테면 해변에 휴양을 온 워커홀릭 남성의 번아웃 상태나 수많은 해외 생산 공산품들을 통해 볼 수 있는 세계화의 영향 등을 보여준다. 이로써 기획자들은 기후 문제를 바라봄에 있어서 환경 문제 혹은 인간과 자연과의 관계로 바라보는 근본생태주의에만 머무르는 것이 아니라, 신자유주의 자본주의 사회의 구조적 문제가 노동자에 대한 착취뿐 아니라 자연에도 심각한 영향을 미치고 있다는 사회생태주의적인 태도도 견지하고 있다.

그러나 앞서 살펴보았던 것처럼 작품의 내용만큼이나 중요한 것은 이러한 다양한 사유를 가능케 하는 〈태양과 바다〉의 표현 방식이다. 작품에 담긴 의미를 알아내고 어떻게 해석할 것이냐의 차원에 머무르기보다, 예술 작품이 그것을 마주한 사람들에게 어떤 변화를 끌어내는지에 주목해 보려 한다.

〈태양과 바다〉는 자칫 '프로파간다(propaganda)'처럼 보일 수도 있는 당위적 메시지를 전달하거나 예술을 통해 '해답'을 밀어붙이는 정치적 선언을 하지 않는다. 기획자들은 절대로 작품을 통해 '무엇을 어떻게 사유하라'고, 예컨대 "기후위기에 경각심을 가져라", "우리 모두 기후위기에 대응해야 한다"라는 식으로 교조적이거나 당위성을 강조하듯 작품을 풀어나가지 않는다. 오히려 예술과 현실이 포개어지는 사이 공간에서 지속적인 변이의 이질 발생을 통해 정동을 촉발시키고 나아가 질문을 던진다. '이것이 문제다', '이렇게 해야 한다', '이것이 답이다'가 아니라 궁금증을 자아내는 방식을 취한다. 약간의 아이러니와 풍자, 어딘가 아귀가 맞지 않는 미스매치들의 향연을 통해 '웃픈' 정동을 끌어내는데, 이를 통해 관람객들은 자신들을 새로운 윤리-미학적 사유로 나아가도록 하는 문턱을 넘어서게 되는 것이다. 바로, 스스로 넌지시 '무슨 일이 일어나고 있는가?'라고 되묻게 되는 것이다.

답을 정하는 대신 질문을 한다는 것은 잠재된 영역, 잠재성을 제거하거나 배제하지 않는다는 것이다. 오히려 그것을 구현시키고 실체화한다. 예술은 예술가가 사회와 맺는 관계 속에서 구성되는데 그 과정에서 어느 한 부분만을 드러내는 것이 아니라 그것이 포괄하는 모든 잠재성마저도 내재한다. 그러한 예술이 다시 관람객과 관계 맺는 과정에서 관람객은 거기에 내재된 잠재성을 감지하고 그것은 또 관람객에게 영향을 미친다. 마치 〈태양과 바다〉를 보기 전의 '나'와 보고 난 후의 '나'가 동일할 수 없듯이, 다시 말해 문턱을 넘어선 우리는 어떤 배치를 만드느냐, 무엇을 마주하느냐에 따라 변화무쌍한 주체성을 넘나드는 존재인 것이다.

주체성은 가타리가 고정불변한 존재로서 근대 철학에서 중시하던 '주체' 개념을 비판하며 내세우는 대안적 개념이다. 가타리는 모든 존재가 다성적이고 다원적이라 보았으며, 끊임없이 변화하는 존재들은 기계적인 것으로서 무엇과 연결 접속하느냐에 따라 어떤 배치를 갖느냐에 따라 주체화된다고 보았다. 이때 주어진 구조 속에서 결정되는 주체성도 있을 수 있지만 그러한 구조에서 벗어나 스스로 창조적인 방식으로 배치를 바꿔 주체성을 생산하고 특이성을 발생시키는 주체화도 있다.

구조적 콤플렉스들 속에 결정화된 주체성의 '이미 거기의' 차원들에서가 아니라 하나의 창조에서 나아가며, 그 자체가 일종의 미학적 패러다임과 관련되는 전이의 접목들은 바로 이처럼 작동한다.[17]

가타리는 후자의 경우를 강조하며, 스스로 주체성을 생산해 내는 것을 하나의 예술적 창조이자, 예술가의 방식, 미학적 패러다임이라 주장했다.

앞서 설명했듯 예술은 고정된 존재로서의 주체가 아닌, 주체성의 배치에 따른 것으로서 존재를 사유하는 것까지 나아가게 하는 힘을 지녔다. 이질적인 연결 접합으로 특이성을 만들어내고 변화를 일으키는 것, 이것이 바로 예술이 가진 '윤리-미학적 역량'이라고 할 수 있다. 그렇기에 가타리는 예술의 구성적 창조 능력처럼 우리 역시 예술의 방식으로 주체성을 발명하고 생산하고 스스로 구성해 내자고 제안한 것이다.

---

17 같은 책, 17쪽.

5 왜 윤리-미학인가?

오페라 퍼포먼스 〈태양의 바다〉가 보여주는 윤리-미학적 역량은 우리를 윤리-미학적 패러다임의 생태학적 사유로 전환시키는 예술이 가진 '힘'이다. 글로벌 기후위기와 신자유주의의 폐해를 타개하기 위해 펠릭스 가타리가 현대 사회에 제언했던 것은 바로 이러한 '예술이 지닌 창조적 힘'이었다. 그래서 그는 우리 시대에 윤리-미학적 전유가 필요하며, 예술의 방식으로 새로운 생태주의로 나아가야 한다고 주장했던 것이다.

그런데 윤리-미학이라는 말은 다소 어불성설 같기도 하다. 으레 '윤리'는 개인의 행동 규범을 논하는 영역으로서 '도덕'과 같거나 유사한 개념으로 통용되고는 한다. '미학'은 아름다움에 대한 사변적 탐구로 여겨지며 미와 예술을 그 대상으로 하는 학문이라 알려져 있다. 이성과 감성의 차이처럼 두 가지는 서로 상반되고 전혀 부합하지 않을 것만 같다. 도대체 윤리-미학적 역량이 무엇일까.

가타리가 말하고 있는 '윤리'를 알기 위해서는 '정동(affect)'에 대한 이해가 필요하다. 가타리의 철학적 동반자로, 서로가 서로에게 큰 영향을 미치며 깊은 교류를 나눴던 질 들뢰즈는 스피노자 철학을 경유하여 정동 개념을 발전시킨다. 흔히 알고 있듯이, 'affect'는 '영향을 미치다'라는 뜻을 가지고 있기에 하나의 존재에 귀속된 용어라기보다는 둘 이상의 존재 사이에 위치한 용어라고 볼 수 있다. 이를테면 시원한 봄바람을 맞으며 들판을 거닐고, 푸른 하늘을 마주하게 되었을 때 우리는 기분이 좋아지고 긍정적 에너지를 얻게 되며 활력이 충만해지는 것을 느낀다. 그러나 이것이 한쪽으로만 치우치는 일방향적 영향은 아니다. 자연으로부터 기쁨을 느끼게 된 인간은 자연을 향해 사랑과 경의를 보낸다. 그것이 자연에 대한 마음, 생태적 마음으로 이어진다.

이렇듯 정동은 서로가 서로에게 영향을 미치는 것이며, 그 순간에 느껴지는 정서나 감정, 감응을 뛰어넘어 연쇄적인 흐름으로서 이해될 수 있다. 주의할 것은 정동을 '정서', '감정'으로

---

affectio와 affectus · 생태 개념어 쪽지 ·

스피노자가 말하는 라틴어 'affectus'가 들뢰즈가 말하는 정동(affect)이며, 'affectio'는 정서(affection)이다. 들뢰즈는 스피노자가 'affectus'와 'affectio'를 구분해서 사용하고 있음에도 불구하고 이를 'affection(정서)'으로 번역하는 것을 비판하며 두 가지 의미를 구분한다. 국내의 스피노자 번역서에서도 역시 정동이 정서 또는 변용으로 번역되고는 하는데, 무엇이 옳은가에 대한 설왕설래가 있기는 하지만 최근에는 'affectio'를 정서, 'affectus'를 정동으로 번역하는 추세가 많아지고 있다. 용어 번역에 대한 것이나 들뢰즈의 스피노자 이해를 더 알아보기 위해서는 질 들뢰즈, 서창현 옮김, 「정동이란 무엇인가?」, 『비물질노동과 다중』(갈무리, 2005)를 참고.

이해하는 것이 중요하다는 점이다. 정서나 감정은 우리의 비물형적 신체에서 정동이 작동하고 있음에 대한 사후적 징후나 흔적과도 같다. 우리 신체가 어떤 것과 마주하고 그로 인해 새로운 국면을 맞이하게 된다면 그것들 사이에서 마치 관통하듯이 지속되고 변이하는 것이 정동이다. 정서는 면과 면 사이의 문턱을 밟아 어딘가 달라진 느낌처럼, 그러한 정동의 흐름을 알게 해준다.

정동은 비단 정서에만 국한되는 것이 아니다. 행동 능력과 역량의 증대, 혹은 감소와 관련이 있는데, 우리가 가지고 있는 관념들에 따라 누군가의 행동 능력이 연속적으로 증감할 수 있다. 관념들은 서로를 뒤따르고 연속적으로 이어져 나가는데, 거기에는 스피노자가 '자동기계(automaton)'라 명명한 것처럼 멈추지 않는 영속적인 변이(variation)의 체계가 우리 안에서 작동한다.

관념들   · 생태 개념어 쪽지 ·

"모든 관념은 무언가이며 그것은 무언가의 관념일 뿐만 아니라 또한 무언가이다. 이것은 그것이 그것에 고유한(proper) 실재의 정도를 갖고 있다고 말하는 것이다."(질 들뢰즈, 같은 책, 25쪽) 들뢰즈에 따르면 관념(idea)은 단순히 사변적인 것에서 그치는 것이 아니라, 무언가를 재현하는 사유 양식으로서 객관적 실재를 가지면서도 그 스스로 하나의 관념으로서 '무언가'가 되는 형식적 실재를 갖는 것이다.

여기에는 정지된 상태가 아니라 지속적인 이행이 연속하는 운동 상태로 세계를 인식해야 한다는 베그르송주의적인 전제가 기반한다. 세상은 언제나 흘러가고 있지만, 우리는 생각 속에서 세계를 정지시키고는 한다. 세계에 내재한 운동의 연속성을 계속해서 망각하고 잠재적으로 움직이고 있는 잠재의 영역을 놓친 채, 고정된 실재로만 보는 것이다.[18] 지속적인 변이 속에서 무엇을 만나느냐에 따라 힘은 증대할 수도 있고, 감소할 수도 있다. 어떤 것으로 변할 수 있는지 그 잠재성 역시 무궁무진하다. 이처럼 정동은 행동 능력의 증감에 관여하고 이행을 발생시킨다.

정동에 의해 구성된 연속적 변이의 선율 위에는 두 가지 양극이 있다.[19] 우리를 긍정적 변이로 이끌고 활력을 증대시켜 능동적으로 행동할 수 있게끔 만드는 '좋은 마주침'과 부정적 변이로 이끌어 활력을 감소시키고 수동적으로 행동을 제약시키는 '나쁜 마주침'이 있다. 전자를 긍정-정동, 후자를 부정-정동이라 부를 수도 있다.[20] 이러한 마주침들에 의해 존재

---

18 브라이언 마수미, 앞의 책, 18쪽.

19 질 들뢰즈, 앞의 책, 32쪽.

20 본래 들뢰즈가 제안하는 용어는 기쁨-정동과 슬픔-정동이다. 하지만 들뢰즈는 기쁨과 슬픔이라는 정서적 용어를 재전유함으로써 더 풍부한 의미를 생성하고자 했지만, 이것이 오히려 '오해'를 만들어낼 수 있을 듯하여 긍정-정동과 부정-정동이라 표현하고자 한다.

는 변화하고 생성을 거듭하여 간다. 즉, 들뢰즈와 스피노자가 보기에 세계는 이러한 긍정-정동과 부정-정동의 연속적인 변이들에게 완전히 둘러싸여 정동으로 가득 찬 곳이었다. 물론, 'affect'라는 용어를 스피노자적 의미를 더 포함해 '변용태'가 아니라 '정동'이라 번역하는 까닭은 그것에는 분명 존재들이 느끼는 정서 또는 감정과도 연결이 되어 있기 때문이다. 하지만 이 긍정과 부정을 우리가 흔히 생각하는 기쁨과 슬픔으로 무조건 연결 지을 수는 없다. 때로는 슬픔 역시 긍정-정동을 촉발한다.

퍼포먼스 예술사에 한 획을 그은 작가로 평가받는 마리나 아브라모비치(Marina Abramovic)는 2010년 뉴욕 현대미술관(MoMA)에서 열린 자신의 회고전에서 〈예술가가 여기 있다(The Artist is Present)〉라는 흥미로운 작업을 선보였다. 작가는 자신이 직접 퍼포머가 되어, 미술관 내에 조성된 넓은 사각형의 공간 중앙에 서로 마주앉은 관람객과 약 1분간 침묵 속에서 눈을 맞췄다. 이 퍼포먼스는 미술관의 폐장 시간을 제외하고 총 736시간 동안 이어졌다. 아브라모비치는 대부분의 시간 동안 미동도 없이 앉아 있었다. 아주 이례적으로 자신의 전 연인이자 예술적 동반자였던 울레이와 재회했을 때만 제외하고, 대부분의 상황 속에서 작가는 자신 앞에 등장한 낯선 관람객들을 응시할

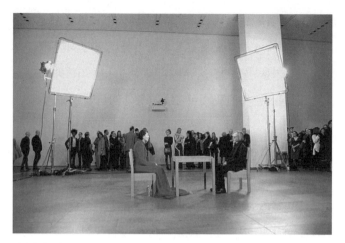

마리나 아브라모비치의 퍼포먼스 〈예술가가 여기 있다〉(2010)의 한 장면.

뿐 어떤 제스처를 취하거나 어떤 말을 건네지 않았다. 그러나 아브라모비치와 마주한 1분 동안 누군가는 울고, 누군가는 웃었다. 그 둘 사이를 흘러간 정동이 웃음과 울음으로 포착된 것이다. 그렇기에 소통을 위한 언어나 비언어적 행위를 기반으로 하지 않는 무언가가 이들 사이에서 작동하고 있음을, 또 그 마주함에서 발생되는 정동적 변이를 생생하게 보여주는 작업이라고 할 수 있다.

웃음으로 번진 정동은 긍정-정동으로 활력의 증대를 일으켰을까? 반대로 눈물을 흐르게 한 정동은 부정-정동으로 활력의 감소를 일으켰을까? 그렇지는 않을 것이다. 비록 예술가와의 조우 속에서 눈물을 흘렸지만, 슬픔을 느꼈다 하더라도 그것은 누군가를 수동적으로 얽매이게 하거나, 무기력하게 만들고 삶을 살아갈 활기를 앗아가는 슬픔이 아니었다. 오히려 반등하기 위한 슬픔일지도 모른다. 자신의 슬픔을 꺼내 놓음으로써 자신을 활력적으로 만들 행동 능력을 증대시킬 수 있다. 반대로 웃음, 기쁨 역시 마냥 긍정-정동으로 변이를 보여주는 문턱이 아니라 때로는 부정-정동의 문턱일 수 있다. 이를테면 마약을 한 사람이 느끼는 행복, 기쁨은 오히려 그 사람의 행동 능력을 감퇴시키고 스스로를 파괴하는 쪽으로 흐름을 이끌어 간다.

스피노자에게 좋은 마주침은 '선'이 아니고, 나쁜 마주침은 '악'이 아니다. 우리는 도덕과 윤리를 자주 혼용하여 사용하지만, 스피노자에게 도덕과 윤리는 분명하게 달랐으며 그는 자신의 철학에서 윤리를 중시했다. 도덕은 선과 악을 가르고 무엇을 해야 하는지, 무엇을 하지 말아야 하는지에 대한 법칙, 규율 및 의무 등으로 이뤄지는 것에 반해, 윤리는 수동적 상태가 아니라 능동적 행동 능력, 역량, 활력을 길러내는 것, 그러한 상태로 존재를 끊임없이 변용·생성하는 것과 관련한다.

들뢰즈는 이러한 스피노자 철학을 재해석하며 윤리를 통해 선과 악의 의미를 해석하는 대신 '우리가 무엇을 할 수 있는지'와 같이 잠재성을 전제하는 질문을 던지고, 존재들에 내재한 역량과 행동 능력의 증감을 파악하고자 했다. 부정-정동으로 나타나는 슬픔은 '권력'과도 결부된다. 권력은 존재들이 무언가 할 수 있는 능력, 역량으로서의 힘과 상이하다. 권력은 역량을 억압하고 부정-정동을 통해 그들을 무력하게 만들어 행동 능력을 감소시킨다. 여기에는 슬픔뿐 아니라, 불쾌, 누군가를 미워하고 배척하는 혐오가 모두 포함된다. 우울증에 걸린 사람들은 나에게 지워지는 부조리에 맞서 저항할 힘이 없어 쉽게 무기력해진다. 혐오 정치에 혐오로 맞서는 것 역시 마찬가지다. 계속되는 혐오의 릴레이는 결국 사람들을 무력하게 만든다.

그러므로 들뢰즈와 스피노자에게 윤리학은 이른바 '행동학'이라고도 불릴 만큼, 존재의 행동 능력, 역량과 직결되는 문제이다. 역량은 무엇과 결합하느냐, 관계 맺느냐에 따라 무엇이든 될 수 있고 변화할 수 있는 힘이자 잠재적인 무언가로 변용될 수 있는 힘이다. 선과 악의 '도덕'에서 벗어나고자 제기되는 윤리학은 더 이상 인간 중심의 사유 방식으로 절대적 진리를 전제하는 로고스 중심적 사유 체계에 얽매이지 말고, 다양한 것들의 관계 중심의 사유, 비재현적인 생성적 사유로 나아가자는 것이다.

가타리는 들뢰즈와의 교류 속에서 윤리에 대한 사고를 넓히면서 여기에 예술의 역량을 더한다. 윤리에 미학이 더해지는 것은 많은 예술이 '좋은 마주침'을 계속해서 창조해 내기 때문이다. 특히 앞서 살펴본 〈태양과 바다〉, 〈예술가가 여기 있다〉처럼 생생하게 벌어지는 라이브 퍼포먼스 예술은 작품 자체의 운동성과 관람자의 삶이라는 운동성이 마주하게 되면서 서로에게 강렬한 영향을 미치게 된다. '생생함(liveness)'은 살아 있는 이행으로서 정동의 방식과 겹쳐지기도 한다. 정동을 촉발하며 비재현적 사유를 가능케 할 뿐 아니라 그러한 사유 체계 자체를 체현하게 함으로써 우리의 활력을 증대시킨다.

활력, 다른 말로 행동 능력이 증대된다는 것은 스스로 주체성을 생산하는 역량과 연결된다. 주어진 배치, 구조 속에서 얽매여진 존재는 행동 능력에 제약이 있다. 그러므로 거기에서 벗어나 스스로를 구성해 내도록 하는 힘이 바로 긍정-정동을 촉발하는 예술의 창조적 방식에 내재된 윤리-미학적 역량이라고 할 수 있다.

6 예술의 창조적 방식과 가타리의 새로운 생태학

현대 미술은 난해하고 어려운 것, 혹은 "이게 예술이야?"라는 말이 아직은 덜 유행했을 1967년 10월, 뉴욕에서 활동한 독일인 예술가 한스 하케(Hans Haacke)는 자신의 이름을 딴 전시회에서 투명한 정육면체 안에 물을 넣어 수증기가 응결된 모습을 보여주는 조형물을 공개한다. 〈응결 큐브(Condensation Cube)〉(1963~1966)라는 제목의 작품이었다.

이제는 이런 방식의 작품들을 익숙하게 관람할 수 있지만 〈응결 큐브〉는 당시 미술계에서 보기 드문 굉장히 실험적인 작업이었다. 사실상 '레디메이드(Ready-made)'라고 할 수 있는 공산품인데다가, 그 안에서 물이라는 자연적 소재가 계속해서 응결되었다가 증발했다가를 반복하며 변화하는 중이었기 때문이다. 1965년에 쓴 하케의 작업 노트를 보면, 그는 "자연적인 것"을 표현하겠다고 다짐하며, 물리학적인 원리를 이용하여 빛, 물, 바람 등의 자연물로 예술 작품을 창조하겠다는 포부를 가졌다. 그리고 그는 그것 자체를 포착할 수 있는 상태로 된 작품을 전시장에 들여온다.

하케는 자신의 작업과 우리 모두를 둘러싸고 있는 거대한 '체계(system)'에 관심이 많았던 예술가다. 그렇기에 체계 자체를 사유할 수 있도록 하는 작업들을 펼쳐왔다. 하케가 〈응결 큐브〉를 통해 체계를 포착하고자 했던 것, 그러한 예술적 창조는 작가가 세계와 마주했을 때 감각했던 것을 표현해 내는 방식이라고 할 수 있다. 그는 우리가 무심코 지나치는 자연물을 둘러싼 물리학적 원리들을 인간의 지각 체계 속으로 함입시키고자 했다.

　　하케의 작업 같은 현대 미술 작업이 아니더라도, 모든 예술은 마치 잠재성이 내재된 카오스[21] 속에서 사건을 구축해 내는 것과 같다. 예술가들은 색채들과 소리 등의 감각으로부터 새로운 조화들을 끌어낸 미학적 형상을 통해, 기존의 질서에 얽매이지 않는 새로운 감각적 집적을 생성하고 구축한다. 이는 일어났던 무언가를 기억하고, 기념하고, 재현하는 게 아니다. 늘 새로워질 수밖에 없는 사건들을 발생시켜 나감을 의미한다. 잠재적인 사건에 하나의 육체를, 삶을, 우주를 부여하여 실제화하고 구현시키는 것, 이를 통해 실체를 부여하는 것이 바로 카오스 속에서 솟아오른 예술이다.[22]

21　카오스(Chaos)는 원초적 우주의 상태를 일컫는 말이자, 무질서 상태의 혼돈을 뜻한다. 이와 반대되는 용어로 코스모스(Cosmos)가 있다. 코스모스는 세계, 우주의 질서를 뜻한다.

22　질 들뢰즈, 이정임·윤정임 옮김, 『철학이란 무엇인가』(현대미학사, 1995), 254-256쪽.

한스 하케의 〈응결 큐브〉. © VG Bild-Kunst, Bonn. Photo: Hans Haacke.

가타리는 예술의 창조적 방식이 '새로운 생태학'의 작동 방식이 되어야 한다고 말한다. 앞서 하케의 〈응결 큐브〉에서 살펴볼 수 있듯이, 새로운 감각들을 창안하며 가시적인 것과 잠재적인 것을 모두 포함하는 감각의 블록을 조성해 내는 것이라고 할 수 있다. 또는 아브라모비치의 〈예술가가 여기 있다〉 퍼포먼스에서 낯선 이와 마주앉은 1분 동안 느끼는 형용할 수 없이 낯선 감각처럼, 예술이 만들어내는 돌연변이적 지각(percept) 및 정동의 창조와 조성의 패러다임은 잠재된 상황 속에서 끊임없이 사건을 촉발시킨다. 이는 예술가들이 일종의 프로파간다를 가지고 혁명의 기수가 되어야 한다는 것이나, 예술 작품이 역사의 새로운 지렛대가 되어야 함을 의미하지 않는다.[23] 예술가와 예술 작품은 모든 고착화된 사유 영역에서부터 벗어나고 탈주하고 미끄러져 가며 무한의 영역에서 이질적이고 변이적인, 특이한 지각과 정서를 생산해 내야 한다. 이때 들뢰즈와 함께 가타리는 『철학이란 무엇인가』(1991)에서 지각과 정동이 무엇인지를 정리한다.

> 지각들(percepts)은 지각작용들(perceptions)이 아니다. 지각들은 그것을 느끼는 자들의 상태로부터 독립되어 있다. 정동들(affects)은 감정(feeling) 내지 정서(affection)가 아니고, 그것을 경험하는 자들의 힘을 넘어선다. 감각들(sensations), 지각들, 정서들은 스스로에 의해 가치를 지니며, 모든 체험을 넘어서는 존재들이다. 말하자면 그것들은 인간이 부재하는 가운데 존재하는 것이라 할 수 있다. (……) 예술작품은 하나의 감

---

23 펠릭스 가타리, 앞의 책, 121쪽.

각 존재이며, 다른 그 무엇도 아니다. 그것은 그 스스로 존재한다.[24]

스스로 존재하는 것으로서 지각과 정동, 감각은 예컨대, 관람자 개인에 기반하는 것이 아니다. 예술가는 단순히 풍경을 보고 자신이 감각한 지각 작용을 예술로 표현하는 것이 아니다. 하케가 자연의 원리를 작품으로 담고자 했을 때, 그것은 단시 모방이나 유비에 따른 재현이라고 보는 데 그쳐서는 안 된다. 이것은 전통적인 예술에서도 마찬가지인데, 19세기의 후기 인상주의 화가 폴 세잔(Paul Cézanne)은 재현의 사유에서 탈피한 '예술'에 대한 새로운 시각을 제기한 인물로, 많은 포스트 구조주의 학자들에게 철학적 영감을 준 예술가이다. 그의 주장에 따르면, 우리가 보는 모든 것은 멈추지 않고 흘러가 사라져 버리기에, 그러한 상황 속에서 예술가는 흘러가는 순간 자체가 되어 변화와 생성 그 자체를, 그것에 내재된 힘을 예술로 표현한다. 그러므로 자연에 대한 모방이나 유비에 따른 재현이라는 관점으로 예술을 접한다면 그것은 단순히 지각 작용에만 머무르는 것에 불과하다.

---

24 질 들뢰즈, 앞의 책, 234쪽.

정동의 경우에도, 예술 작품을 보고 유발되는 슬프거나 기쁜 감정과 정서를 따르는 것에 그치지 않는다. 작업 속에서 촉발되는 정동은 작품에서 말하는 어떤 관념들이 결코 일의성을 가진 것이 아님을 깨닫게 한다. 가타리와 들뢰즈가 자주 인용하는 작품 중에 하인리히 폰 클라이스트(Heinrich von Kleist)가 쓴 희곡 「펜테실레이아(Penthesilea)」가 있다. 신화에서는 트로이 전쟁 중 그리스의 전사 아킬레우스가 아마존의 여전사이자 여왕인 펜테실레이아를 죽였다라고 언급되어 있지만, 클라이스트는 그들을 비극적 사랑 이야기의 주인공으로 각색한다.

클라이스트는 자신의 작품 속에서 아마존 여왕 펜테실레이아가 자신의 연인 아킬레우스에게 배신을 당했다고 생각했을 때, 그녀를 사랑에 배신당한 가련한 여성으로서 재현하지 않는다. 자신의 연인을 개들과 함께 물어뜯는, 차마 이해하기 어려울 정도로 잔혹하게 행동하는 극적인 상태로 몰고 간다. 펜테실레이아를 '개'와 같은 상태로 변이시켜 버린 것이다. 배신감, 슬픔, 분노 같은 감정들은 이 변이 과정에서 나타나는 순간적인 징후일 뿐, 그것을 포함하여 개의 상태가 되어가는 모든 과정이 '정동'이라고 할 수 있다. 이를 관람하는 관람객 역시 그녀의 감정에 공감하고 그것에 전이를 겪는 것에서 멈추지 않고, 예상치 못한 펜테실레이아의 '개-되기'를 마주하며 혼란한 상태가 된다. 사랑과 여성에 대한 고정된 관념이 깨어지고, 어느 한 점으로 수렴되지 않기 때문에 발생하는 혼란이다. 즉, 그 의미를 해석할 수 없는 식별 불가능한 상태가 된다. 다만 예술가가 구성해 놓은 작업을 마주하며 새로운 의미들이 생성될 뿐이다.

이 작품을 들뢰즈와 가타리가 자주 인용하는 까닭은, 하나의 모양으로만 정의되던 사랑과 로맨스 속 여성의 모습을 '다양체'로서 그려냈기 때문이다. 그러나 의미를 생성하는 것은 예술가이기도 하면서 동시에 작업을 감상하는 수용자에 따르기도 한다. 누가, 언제, 어떻게 예술 작업을 접하느냐에 따라 그 의미는 달라질 수 있다. 예컨대, 아브라모비치의 〈예술가가 여기 있다〉를 퍼포머이자 관람자로서 체험하는 개개인은 모두 다 다른 정동을 겪고 변화를 맞이할 것이다. 눈으로 보기에는 아무런 행동이나 자극이 없었음에도 불구하고 나도 모르게 눈물을 흘리는 관람객들처럼 말이다. 예술가가 식별 불가능한 우리의 카오스적인 세계 속에서 작품으로서 유한을 구성, 구축, 창조했다면 그러한 '구성의 판(plan de composition)'은 새로운 유한 양식으로 보일 수도 있다. 즉 정의 내려진 것처럼 보일 수 있다는 뜻이다. 하지만 그것은 관람객과 관계 맺는 과정 속에서, 질서정연한 코스모스적 유한에서 무한을 발견하고 감지하며 또다시 카오스의 무한으로 되돌아간다. 예술에는 이러한 이중의 운동이 공존한다. 이것은 계속해서 이행되고 지속된다. 이러한 예술을 경험함으로써 관람객들은 새롭게 구성된 나를 발견하게 된다. 처음 살펴보았던 오페라 작품 〈태양과 바다〉 같은 퍼포먼스를 끝내고 전시장 밖을 나서는 관람객들은 어딘가 달라진 채 그곳을 떠나게 되고, 작품이 제공한 긍정적 마주침으로 얻는 활력을 품고 다시 삶을 살아갈 것이다.

문턱을 넘어선 우리는 어떤 배치를 만드느냐, 무엇을 마주하느냐에 따라 변화무쌍한 주체성을 넘나드는 존재다. 더 이상 고정된 존재로서의 주체가 아닌, 주체성의 배치에 따른 것으로서 존재를 사유하는 것까지 나아가게 한다. 예술은 그것이 지닌 구성적 창조 능력을 통해 변이적 주체성의 발명, 생산, 구성하는 힘을 지녔다. 또다시 새로운 마주침들을 경험할 수 있는 판을 짜게 되는 것. 다시 말해, 돌연변이적인 지각과 정동을 생산해 내고 활력을 높여주는 긍정적 마주침을 생성해 나가는 것, 이를 통해 스스로의 주체성을 만들어 나가는 것이 바로 예술의 창조적 방식이며, 가타리가 역설하는 윤리-미학적 패러다임이다.

7 "모든 사람은 예술가다"

가타리는 윤리-미학적 패러다임으로 현재 지구가 겪고 있는 위기를 타개하자고 주장한다. 앞서 살펴본 내용들을 토대로 조금 더 풀어서 이야기해 보자면, 우리는 각자의 행동 능력을 제고하기 위해 예술의 창조적 방식으로 주체성을 생산해 가며 세계를 전환해 나가야 한다. 이러한 가타리의 주장은 생태 운동 안에서 논의되는 본질적이고 원칙주의적인 '근본파'와 현실주의적이고 사회참여적인 '현실파'의 대립과는 또 다른 차원에서 전개된다. 오히려 대립되는 두 가지의 노선이 이 안에서는 얽히고설켜 있다고 볼 수 있다.

가타리의 윤리-미학적 패러다임은 마치 "모든 사람은 예술가다"라는 말로 들리기도 한다. 이 말은 독일의 미술가이자 행위 예술가이며, 교육자이며 사회개혁가이고 혁명가, 목자와 순교자, 나아가 샤먼이라고도 언급되는 요제프 보이스(Joseph Beuys)의 대표적인 주장이기도 하다. 특히 생태 예술을 실천했던 요제프 보이스는 '사회적 조각'이라 스스로 칭한 작업을 지속하기도 했다.

보이스의 예술 철학은 가타리가 주장하는 '윤리-미학적 패러다임'과도 매우 맞닿아 있다. 그는 어린 시절부터 동물과 식물, 기계의 구조와 원리에 큰 흥미를 가지면서 자연과 문명을 모두 아우르는 통합주의적인 관점을 지향했다. 서양 철학과 기독교, 동양 사상과 범신론, 인지학과 진화론, 독일 이상주의와 낭만주의, 자연 과학을 두루두루 섭렵하며 자신만의 예술 철학을 전개해 갔다. 한편으로는 1979년 유럽의회 선거에서 녹색당의 후보로 출마하기도 하고, 서독 녹색당의 창당 멤버이자 초대 의장이었던 페트라 켈리와 교류하기도 했으며 죽을 때까지 녹색당원의 신분을 유지했다.[25]

1967년, 보이스가 정치와 관련해 언급했던 "모든 사람은 예술가다"라는 말에는 예술을 전통적인 예술 활동으로 보는 것을 넘어 인간의 총체적 삶으로 바라보자는 보이스의 '확장된 예술 개념'이 담겨 있다. 그는 부조리와 모순으로 가득 찬 현대 사회를 예술로 변화시켜야겠다고 결심한 후, 더 나은 삶을 살 수 있는 사회를 만들어가는 '사회적 조각'을 시도한다. 사회적 조각은 전시장에 놓이는 가시적이고 물질적인 예술 작품에서 벗어나 기존의 구태의연한 삶의 형태를 새롭게 변화시키는 예술 작업이자, 사회의 다양한 영역에서 나타날 수 있다. 보이스는 이러한 사회적 조각의 주체로서 단지 전문 예술가뿐

---

25 송혜영, 『요제프 보이스—우리가 혁명이다』(사회평론, 2015), 10쪽, 40쪽, 147쪽.

아니라, 모든 사람을 꼽는다. 창의적 존재인 인간이 창의성을 발휘해 사회 변화를 위해 그 창의력을 발전시켜야 한다는 것이다.

보이스의 대표적인 사회적 조각 작품은 독일 카셀 지역에서 벌어진 〈7000그루의 참나무(7000 Oaks)〉(1982-1987) 프로젝트이다. 그는 이 작품을 구상하며 다음과 같이 이야기했다.

나는 7000그루의 참나무를 심고, 그 옆에 각각 한 개의 현무암 돌을 세우고자 한다. 참나무는 최소한 800년을 생존한다고 알려져 있으며, 따라서 수명이 다할 때까지 역사적 순간은 지속될 것이다. 지금이야말로 노동과 기계, 물질주의와 정치적 이데올로기, 산업화와 자본주의, 공산주의로 인한 폭력적인 황폐화 과정에서 벗어나 올바른 재생의 과정, 다시 말해 자연뿐 아니라 사회·생태학적인 관점에서 생명을 부여하는 소생의 과정인 '사회적 유기체'를 완성할 때이다. 그리고 이를 위해 내겐 돌이 필요하다.[26]

보이스는 〈7000그루의 참나무〉를 통해 '도시의 행정화 대

---

26 Joseph Beuys, Theo Altenberg and Oswald Oberhuber(eds.), *Gespräche mit Beuys: Wien und am Friedrichshof*(Ritter Verlag, 1988), pp. 34-35, 송혜영, 앞의 책, 206쪽에서 재인용.

신 도시의 산림화'라는 모토를 실천하고자 했으며, 이를 통해 시민들이 자연과 함께 공존할 수 있기를 기대했다. 그뿐만 아니라 자신이 직접 모든 것을 심는 것이 아니라, 한 그루의 참나무와 한 개의 현무암, 그리고 이를 운반할 비용과 실어줄 인건비를 모두 포함하여 500마르크를 기부한 시민들이 직접 심을 수 있도록 작업을 구성했다. 비록 그는 1986년 1월 23일 〈7000그루의 참나무〉가 마무리되는 것을 보지 못한 채 영면에 들었지만, 이 작업은 1987년 6월 12일 보이스의 아들이 첫 번째로 심어진 나무 옆에 마지막 나무를 심으면서 마무리된다.

보이스의 〈7000그루의 참나무〉 작업은 나무와 돌이라는 자연물을 그대로 활용한 생태 예술이면서 동시에 사회 참여적인 성격을 지니고 있다. 도시 환경을 많은 시민들이 직접 참여해 개선할 수 있도록 기획된 프로젝트이기 때문이다. 이 프로젝트에 실제로 심는 작업으로 참여하든, 혹은 그것을 관람하며 참나무 옆을 거닐고 산책을 하든, 현재까지도 이 프로젝트는 많은 시민들과 교류하며 그 의미를 이어나가고 있다. 7000그루의 참나무들은 늘 그 자리에서, 시민들이 함께 도시를 푸르게 만들었음을, 앞으로도 만들어가고 있음을 계속해서 상기시키고 새로운 장을 만들어낼 힘을 깨닫게 한다. 이러한 예술의 창조적 방식은 생태주의 운동에서 근본파나 현실파의 상반되는 실천 전략을 모두 넘어서는 방식으로서 '녹색 구성주의'라고 할 수 있다.

그러므로 보이스가 주장한 '사회적 조각'은 가타리가 주장한 윤리-미학적 패러다임으로 전환하기 위한 아주 좋은 예술 실천이 될 수 있을 것이다. 하지만 그것이 생태를 소재로 하지 않은 예술에는 윤리-미학적 역량이 없다는 이해로 연결되어서는 안 된다. 또 "모든 사람은 예술가다"라는 보이스의 말처럼 예술의 창조적 방식을 행하는 것은 비단 아름다운 예술 작품을 만들거나 생태주의 예술을 실천하는 직업적 의미의 "예술가"에만 국한하는 것이 아니다.

이 시대에 팽배한 힘의 논리, 자본주의 구조가 계속해서 우리를 부정-정동에 빠뜨리고 활력을 빼앗고 있으나, 비록 미약할지라도 예술과 예술가는 우리에게 그 힘을 깨우칠 수 있도록 기여한다. 우리는 예술을 통해, 스스로에게 외부 세계를 새롭게 재창조할 열망과 역량이 있음을 자각해야 한다. 그러므로 다시 정리하자면, 새로운 생태학을 위한 주체성 생산의 전략으로서 가타리가 주장하는 예술의 창조적 방식은 모든 인간에게 내재되어 있다. 나와 연결되어 있으며 나 자신을 구성하는 세계 안에서 다시금 끊임없이 무언가를 만들어내고 배치를 바꿔 새로운 것, 친숙하면서도 기이하고 낯선 특이한 것을 생산하는 힘이 바로 그것이다.

『세 가지 생태학』을 출간하기 한참 전인 1977년, '분자혁명'에 대해 설명하던 가타리는 자신의 후기 주장에 대한 단초를 제공하듯, 한 대담에서 이렇게 이야기한 바 있다. 지금 우리에게 절실히 필요한 윤리-미학적 패러다임의 실마리는 우리 안에 있다.

> 사람들은 느낌과 관계를 발명할 수 있다. 인간은 진정한 창조자이다. 그리고 우리의 혁명은 이러하다. 우리와 우리의 열망은 더 이상 우리를 항상 위계적 역할, 사회체계, 노동, 소외로 다시 되돌아가게 하는 어리석은 세계를 참아내지 않을 것이다. 우리의 열망이 바로 우리를 혁명의 중심으로 이끈다.[27]

---

27 펠릭스 가타리, 윤수종 편역, 『욕망과 혁명』(문학과학사, 2004), 80쪽.

Beyond the
Conflict between
Fundamentalist and
Realist in Ecological
Movements

4장

근본파/현실파 논쟁에서
가타리의 세 가지 생태학의 의미

1 생태주의 성좌에서 혜성처럼 빛나는 『세 가지 생태학』의 구도

펠릭스 가타리의 『세 가지 생태학』이 생태 운동에 대해 가지는 의의는 생태주의의 다양한 운동 분파를 포괄적으로 배치할 수 있는 구도, 즉 각 운동에 대한 메타 모델로서의 삼원 구도를 제시했다는 점이다.[1] 펠릭스 가타리는 일종의 전략적 지도 제작의 방법을 활용하여 마음과 영성의 문제, 자연과 인간의 신진대사의 문제, 사회적 관계망과 배치의 문제를 아우르는

---

1 펠릭스 가타리, 윤수종 옮김, 『세 가지 생태학』(동문선, 2003).

정신생태학, 사회생태학, 자연생태학이 어우러진 하나의 판을 짠다. 그것은 그간의 근본파와 현실파로 분열되어 있던 생태주의를 횡단적이고 통섭적인 형태로 아우르기 위한 시도였다. 프랑스 녹색 운동은 '좌도 아니고 우도 아닌 녹색당'이라는 라롱드 진영과 적녹연정을 주장하지만 원전을 찬성하는 베슈타르 진영으로 나누어졌다. 다시 말해 이러한 구도는 '자연보호를 주장하는 우파 생태주의'와 '사회 변혁을 주장하는 좌파 생태주의'의 분열로 나타난 것이다. 가타리는 이러한 두 진영 모두에게서 지지를 받는 유일한 이론가였다. 가타리는 한 발자국 더 나아가 생태 운동을 보다 입체화하는 방향에서 사회생태주의, 근본생태주의, 환경관리주의를 포괄하기 위한 저작으로

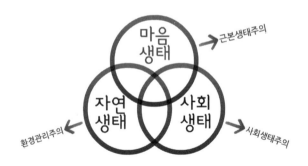

세 가지 생태학의 구도.

『세 가지 생태학』에서의 전략적 논의를 펼친다.

가타리의 『세 가지 생태학』에서의 정신생태학, 사회생태학, 자연생태학이라는 삼분할은 오늘날 고전적인 생태 운동 진영의 구분으로 보일 수 있다. 기후위기 시대의 개막으로 인해 생태 운동 진영은 새롭게 재편되고 있기 때문이다. 정신생태학은 아르네 네스에서 시작되어 불교 생태학에서 정점을 찍고 이후 조애나 메이시(Joanna Macy)의 『생명으로 돌아가기』의 출판으로 이어지는 계열을 가지고 있다.[2] 정신생태는 마음 안에서의 영성적 움직임에 주목하는데, 이는 오늘날 사회적으로 주목받고 있는 정동 개념과 연관되면서 세간에 큰 화제를 불러일으키고 있다. 이렇게 마음을 움직여 깨달음을 얻는 것을 골자로 하는 정신생태의 영역은 우리가 근본적으로는 지구와 생명, 자연과 연결되어 있다는 사실로 귀결된다. 이러한 연결에 대한 깨달음을 중시하는 이론을 '전체론'이라고 일컫는다. 그것은 레이첼 카슨이 『침묵의 봄』[3]에서 구상했던 에코시스템(=생태계)과는 다소 차이를 보이는데, 에코시스템은 자연

---

2 조애나 메이시·몰리 영 브라운, 이은주 옮김, 『생명으로 돌아가기』(모과나무, 2020). 책의 의의와 전반적인 논점에 대해서는 생태적지혜연구소협동조합 웹사이트에 기고된 글인 유정길, 「기후위기 시대, 문명 전환의 전략과 불교적 해법 찾기: 조안나 메이시의 재연결 작업(WTR)과 생명으로 돌아가기」를 참고하라.

3 레이첼 카슨, 김은령 옮김, 『침묵의 봄』(에코리브르, 2011).

과 인간의 신진대사 활동에 기초해 구체적인 다이내믹 시스템 (dynamic system)으로서 설명된다. 전체론에서의 영성적인 구도가 관념론적이라면, 에코시스템에서는 자연과 인간의 신진대사, 화학물질, 유전자, 미생물 등 구체적인 유물론적 구도를 그리기 때문이다. 이는 정신생태학과 구분되는 자연생태학의 구도를 그려나간다.

물론 정신생태학의 구도는 기후위기 시대에 '결과를 바라지 않는 행동'으로서의 모두의 책임에 대해서 감수하는 움직임으로 나타날 수도 있다. 그러나 가장 구체적인 현실 속에서는 책임져야 할 부위인 제1세계, 대기업, 석탄화력발전소, 원전마피아와 같은 세력들이 있다는 점에서 기후정의를 말해야 할 시점이다. 그런 점에서 체제 전환을 말하는 기후정의는 사회생

레이첼 카슨   · 개념어 쪽지 ·

레이첼 카슨(Rachel Carson, 1907-1964)은 20세기에 환경 분야에서 가장 큰 영향력을 미친 책인 『침묵의 봄』의 저자이다. 그녀는 이 책에서 무분별한 살충제 사용으로 파괴되는 야생 생물계의 모습을 적나라하게 공개한 바 있다. 여러 언론들의 비난과 더불어 이 책의 출판을 막으려는 화학업계의 거센 방해에도 불구하고, 레이첼 카슨은 환경 문제에 대한 새로운 대중적 인식을 끌어내면서 정부의 정책 변화와 현대적인 환경 운동을 활성화시켰다. 결국 이 책이 촉발한 환경오염 논쟁은 미국에서 1969년 '국가환경정책법'을 제정하도록 만드는 계기가 되었고, 이후 전 세계적인 환경 운동의 확산으로 이어지는 성과를 낳았다.

태학과 긴밀히 관련을 맺고 있다.

펠릭스 가타리의 마음생태, 사회생태, 자연생태라는 세 가지 생태학은 생태 운동의 방향성과 구도를 그릴 때 기본적인 판으로서의 캔버스를 제공할 수 있다는 장점을 갖고 있다. 그래서 『세 가지 생태학』은 생태주의의 구도를 마음생태의 '주체성 생산'과 '생태 영성'의 문제와, 사회생태의 '사회적 관계'와 '사회 변혁'의 문제, 자연생태의 '인간과 자연 간의 관계'와 '둘 간의 신진대사'의 문제 등을 동시에 말하는 커다란 캔버스이다. 그 구도 위에 다양한 생태 운동, 환경 운동, 생명 운동 등을 그려나가는 것은 현실 운동의 몫이다.

가타리가 특히 강조하는 것은 마음생태이다. 그 이유는 자

전체론 · 개념어 쪽지 ·

'전체론(holism)'은 여러 다양한 집합체에서 한 기관(생물, 화학, 사회, 경제, 정신, 언어 등)을 이루는 부분은 그 세부적 구성요소들만으로는 설명될 수 없다고 주장하는 관점을 지시한다. 즉 전체론의 관점에서는 부분이 기관 전체의 동작을 결정하는 것이 아니라 기관 전체가 부분의 동작을 결정한다고 생각하며, 이는 어떤 특정 기관에 의존해 전체를 설명하는 '환원주의적 관점'과 크게 대비된다. 오늘날의 맥락에서 전체론은 존재들이 서로 모두 연관 관계를 맺는다고 전제하는데, 자연과학과 사회과학 일각에서는 이를 적극적으로 수용하기도 한다. 그것은 근대 과학이 자연 현상을 최대한 부분으로 나누어 분석해 그로부터 법칙을 끌어내던 방식과 대비된다. 사회학에서도 전체론의 영향을 받아, 사회는 개인의 집합이 아니라 사회 자체가 하나의 포괄적 전체로 기능한다고 보는 이들이 있다.

본주의의 매스미디어나 네트워크, 가족 생활, 심리 치료, 정신분석, 힐링, 웰빙, 자기계발 등을 하면서 제1세계 문명 속에서 잘 살도록 유도하지만, 제3세계 민중이나 기후난민 등은 죽든 살든 내버려두는 네트워크 잠금을 하고 있기 때문이다. 통합된 세계자본주의라 불리는 이 시스템 속에서 사람들은 유순해지고, 야성성을 잃어버리고 비슷비슷한 생각에 빠져 외부의 현존에 대해서 망각한다. 이때 외부 생산, 특이성 생산의 문제는 시급한 현안이 된다. 그러한 유별나고 특이한 생각만이 문명의 외부를 개방할 수 있으며, 사회 생태계의 회복탄력성이라고 할 수 있는 경우의 수로서의 특이점 하나하나를 설립할 수 있기 때문이다. '주체성 생산'의 문제는 마음의 문제이자 배치(agencement)의 문제이기도 하다. 인간, 사물, 기계, 생명, 미생물 등이 어우러져 혼재면을 이룬 집합적 배치의 강렬도가 바로 우리 안에서 그 일을 해낼 사람을 만들어낼 수 있기 때문이다. 이렇듯 가타리는 근본생태주의 운동이 말하는 마음의 문제를 그저 사변적 논의로 이끄는 것이 아니라 실천적 논의로 바꾸어 버린다.

주체성 생산 전략은 구성적 인간론으로도 불린다. 다시 말해 그 일을 해낼 사람은 미리 주어져 있지 않고 만들어내야 할 것이라는 점 때문이다. 이는 자율주의를 모태로 하는 '우리 중 어느 누군가'를 만들어내는 전략이라고 할 수 있다. 기존 사회주의나 자본주의 문명은 사회적·인류적 공동체가 미리 주어져 있다는 방식의 사유 체제와 시스템을 운영해 왔다. 그러나 전환 사회를 만들기 위해서는 우선 그러한 생각과 삶을 살아가는 사람을 만들어내는 것이 필요하다. 이것은 어떠한 주체·자아·개인을 미리 주어진 것으로 상정하지 않고 앞으로 만들어질 주체성을 도모한다는 점에서 구성적 인간론의 관점을 견지하고 있다. 다른 세상이 가능하기 위해서는 다른 생각을 품은 사람들을 만들어내는 거대한 작업이 선행되어야 할 것이며, 이는 마음의 생태학에서 가장 중요한 과제라고 할 수 있다.

'마음의 생태학'이라는 개념은 그레고리 베이트슨의 구도를 따르며,[4] 펠릭스 가타리는 이를 자신의 '세 가지 생태학' 기획 안으로 흡수한다. 베이트슨이 응시한 마음은 잡동사니와 같은 것이지만, 정동의 배열, 수선, 정렬, 배치 등의 과정을 걸쳐 생태계를 조성해서 균형과 조화를 가질 수 있다. 즉, 사물, 생명, 자연, 기계, 미생물 등으로부터 유래된 마음은 전일적이고 투명하고 순수할 수만은 없다. 사물, 생명, 자연의 곁에 붙어

---

4 그레고리 베이트슨, 박대식 옮김, 『마음의 생태학』(책세상, 2006).

있는 마음의 광역대의 무의식이 잡동사니처럼 우리의 감각으로 들어온다. 그렇게 되면 물리적으로는 감각보다 0.3초 늦은 반응 양식을 가지는 지각이 이를 걸러내는데, 이렇게 지각을 거치면서 감각의 다양성과 특이성은 일반적인 모습의 정형화된 형태로 조정되어 수용되게 된다. 그러나 마음이 지각 이전의 감각으로 받아들이는 거칠지만 날 것으로서의 다양체들은 마음 안에서 혼재되고 중첩된 측면을 구성해 내면서 마음생태학 구도의 기본 층위를 형성하는데, 이는 애니미즘에서 확인되는 구도와도 유사하다. 우리가 혼종적인 주체성의 양상 속에서 그 일을 해낼 사람을 만들기를 도모하고자 하는 이유에는 바로 이렇게 다양체와 혼합체를 그 고유한 형태로 읽어내면서, 지각의 일반화된 양식이 배제하는 요소들을 흡수하는 그러한 인간형이 만들어질 수 있다는 기대를 가지기 때문이다. 즉 상식이나 양식 그 이상을 상상해 낼 수 있는 존재, 따라서 과거 속에서 형성한 이미지에 붙박이지 않고 매번의 감각을 미래의 기획으로 투영해 낼 수 있는 집합적 구성체에 대한 강한 확신을 가지기 때문이다.

베이트슨의 『마음의 생태학』을 통해서 전환 사회를 앞당기기 위해서는 무엇보다도 어떤 마음의 생태계가 필요한지를 얘기해 볼 수 있게 되었다. 자극과 반응이라는 단순한 마음 위에 맥락적 마음, 탈맥락적 마음, 초맥락적 마음 등이 지층을 이룬다. 그것은 넓이의 마음, 깊이의 마음, 높이의 마음을 통해서 벡터화된다. 이렇듯 마음이 그 밑바탕에 우리가 통상 잡념이라고 넘겨짚는 어떤 요소를 갖고 있다는 점에서, 우리는 이러한 요소들이 정동의 상호작용을 통해 마음생태를 조성한다는 점을 고려할 필요가 있다. 그리고 이는 마음의 조정작용을 통해 일정한 균형과 조화를 이루어내는데, 이러한 균형과 조화를 통해 형성되는 감각작용과 행위의 차원을 명확히 이해하는 것은 우리로 하여금 새로운 형태의 미학과 윤리를 형성하는 데 있어 결정적 계기가 될 것이다.

2 자연생태와 환경관리주의

먼저 '자연생태'는 환경관리주의의 핵심적인 주제이다. 환경관리주의는 최근 파리협약(2015)으로 대표되는 기후변화협약에서 전 지구적 문제를 해결하기 위한 거대 계획, 거대 프로그램으로 승인 및 실행되고 있다. 그러나 탄소 감축량을 각 국가들이 자발적으로 정해서 실행하는 의무적 공여, 즉 '국가 결정 공헌(Nationally Determined Contribution, NDCs)'에 의존하는 국제

협약이 어떤 강제력을 갖는지에 대한 의구심은 여전히 남아 있다. 현재 인류가 직면한 거대한 문제 상황으로서의 기후위기는 단지 제3세계에 대한 희생만이 아니라, '공동의 차별화'된 책임에 의해서 다 함께 동시에 누군가—제1세계, 대기업—는 더 책임져야 할 상황에 놓여 있다.

　기후위기에 대한 반응은 이를 거대한 위협으로 느껴 생존주의(=프로메테우스주의)와 죄책감과 유죄화의 논리를 작동하는 모두의 책임론, 결과를 바라지 않고 행동한다는 도덕주의/영성주의, 마지막으로 기후정의에 따라 기후 불평등과 차별, 배제를 극복하려는 입장으로 나뉜다. 여기서 우리가 주목하는 것은 기후정의 부분이고, 미국의 알렉산드리아 오카시오-코르테즈 의원이 발의한 그린뉴딜과 같은 거대 계획에서의 정의로운 전환과 불평등 해소, 에너지 전환과 같은 측면이 이에 해당한다고 할 수 있다. 안타깝게도 한국에서는 그린뉴딜을 성장주의 세력이 전유하여 결국 예산 따먹기 사업으로 전락시켜 버린 상황이다.[5]

5　가령 대통령 직속기관으로 등록된 '2050 탄소중립 녹색성장위원회'는 국가와 그 각료들이 탄소 중립을 녹색 '경제' 성장의 일환으로 이해하고 있으며, 수십 년간 유지되어 왔던 경제 성장 정책 기조를 근본적으로 다시 생각해야 할 시점에도 여전히 '성장'이 가능하다는 막연한 환상에 사로잡혀 있음을 보여준다.

과거의 환경 정치에서는 생태계 파괴의 책임 주체를 모호하게 이해했고, 환경 문제가 국지적 차원에서 발생하며, 생태를 복원하는 데 기나긴 시간이 들기에 국제적 공조가 필요하다고 호소했지만, 오늘날의 기후위기 국면에서 많은 사람들은 환경 문제의 책임 주체가 비교적 분명하고, 또 지구 곳곳에 편재해 있는 문제로 다가오며 생태계 복원에 시간의 한계가 분명하다는 점을 이해하고 있다. 그런 점에서 오늘날의 자연생태는 거대 계획과 거대 프로그램에 입각한 국제 환경 정치의 필요성이 제기된다. 오늘날 국제 환경 정치는, 앞서 소개한 바 있듯이, 레이첼 카슨이 『침묵의 봄』에서 DDT가 생태계에 미치는 영향을 고발하면서 발전시킨 '에코시스템' 구상으로부터 유래한다. 그 이후 환경관리주의는 독자적인 의제를 개발했는데, 바로 지속가능성(sustainability)과 같은 거대 계획, 거대 프로그램으로서의 의제가 바로 그것이다. 국제 환경 정치의 성공 사례는 오존층을 파괴하는 프레온가스 규제 협약이 있는데, 강력한 규제를 통해 가시적인 성과를 거두었다고 자평되나 그 밖의 성과는 여전히 미미하다.

(1) 환경관리주의 담론의 핵심 문제제기

환경 관리 주의	계획	인류 생존과 생태계 보존을 위한 계획으로 도입되는 것인가?
	제도의 변화	환경과 생명에 관련된 제도의 변화와 수정을 추구하고 있는가?
	환경 정치	국제적인 환경 정치의 맥락에 따르는가?
	지속가능성	미래 세대를 고려하며, 지속가능한 사회를 위한 것인가?
	제도 창안	새로운 환경과 생명에 관련된 제도를 창안하고 적용하게 만들었는가?

위의 도표에서 첫 번째로 제기되는 환경관리주의 담론의 '계획' 부분은 거대 계획과 거대 프로그램의 작동에 따라 이루어지는 과정이라는 점을 의미한다. 지구의 세 가지 순환계인 질소 순환, 산소 순환, 탄소 순환 등에 있어서 가장 중요한 것은 이 순환계 자체에 깊은 영향을 미치면서 작동하는 산업 시스템이다. 그렇기 때문에 이에 대해 규제하거나 제거할 수 있는 환경 정치의 거대 계획이 필요하며, 이는 정치와 국가권력

의 개입, 국제 사회의 공조 등이 결정적이라는 점을 보여준다.

둘째, '제도의 변화'는 생태 시민성의 두 가지 전략 중 하나이다. 생태 시민들은 자신의 생활 양식을 변화시키는 것뿐만 아니라 제도의 변화와 제도 생산을 통해서 환경 정치에 개입할 수 있다. 이러한 점에서 환경 정치는 생태 시민성과 맥락적으로 중요한 연관관계를 갖는다.

셋째, '환경 정치'는 국제 사회 속에서 의제의 수립과 공동의 행동을 약속하는 국제 협약, 이해 당사국 간의 조율과 선언의 채택 등과 같은 일련의 과정에 관련된다. 환경 정치의 맥락은 무엇보다도 국경을 넘나드는 초국적인 환경 문제에 대한 주권 질서의 반응이라는 점에서 바라볼 필요가 있다.

넷째 '지속가능성'은 현재 세대의 욕구와 필요가 미래 세대의 욕구와 필요와 관련되어 있다는 점을 적시하는 대표적인 환경관리주의 담론이다. 지속가능성 담론은 국제적인 의제로서 채택되고 있지만, 기후위기 상황에서 현재의 산업 질서를 지속가능하게 만드는 것이 무슨 의미냐는 반론으로부터 자유롭지 못하다.

다섯째, '제도 창안'은 여러 다른 관점 중에서도 특히 펠릭스 가타리가 창안한 제도요법의 관점인 '제도=관계망'의 구도로 이해될 필요가 있는데, 이는 오늘날의 국제적·국내적 제도로 사용되는 협치를 통해 그 구체성을 획득한다. 오늘날의 기후위기 속에서 수립되는 대안과 그것의 적용 가능성은 얼마나 넓은 범위에서 실질적으로 실천될 수 있는가, 얼마나 다양한 영역들과 연결될 수 있는가, 사회구성원들 각각의 욕망과 얼마나 부합하는가 등이 고려되어야 하는데, 가타리의 제도요법은 이런 부분들에 적절히 응답하는 철학적 기반으로 기능할 수 있다. 나아가 이러한 요소들을 고려했을 때, 기후위기에 대응하는 제도로서의 협치는 특히 아래로부터의 협치, 구성적 협치, 위기에 강한 협치로 추구되어야 하며, 이는 기존의 협치의 이미지로 굳어있는 위로부터의 협치, 행정이나 관(官) 중심의 협치, 말하자면 시민이나 대중을 들러리 세우거나 성과주의에 매몰된 협치와는 근본적인 차이를 갖는다.[6]

(2) 환경관리주의 수용 담론들

1. 기후변화협약(파리협약)

파리협약은 2015년 발효되어 각 국가에게 자발적 의무 공

6　'기후위기 시대'를 돌파하는 제도의 형태가 '민주적 협치'가 되어야 한다는 점에 주목하고, 그것을 아래로부터 구성해내는 것만이 실질적인 대안으로 기능할 수 있다고 주장하는 것으로, 신승철·이승준, 『기후위기 시대의 협치』(알렙, 2024, 근간)을 참고하라.

여(NDCs)를 스스로 설정하고 지키게끔 한다. 기후변화의 책임에 있어서 역사적 책임을 갖고 있는 제1세계의 책임과 더불어 현재 기후변화를 유발하는 개도국의 책임을 동시에 묻는 공동의 차별화된 책임을 기반으로 하고 있다.

2. 에너지 전환과 재생에너지 담론

에너지 전환에 있어서 탄소 배출이 많은 화석연료에서 재생에너지로의 전환으로 향하는 담론이다. 이는 에너지 생산지와 소비지의 거리 차이로 인해 발생하는 여러 가지 폐해를 극복하고 에너지그리드와 에너지믹스 등에 대해서 섬세한 변화를 촉구한다. 이는 핵 발전이나 화석연료 발전을 넘어서 재생에너지로의 에너지 전환을 추구하는 담론이다.

3. 탄소세, 육류세, 환경세, 생태세 담론

향후의 증세의 방향성이며, 세금으로 걷는 부분은 생태 배당 형태의 기본소득으로 지급할 수 있도록 설계되어야 할 것이다. 이러한 환경세는 피해를 끼친 사람이 외부 효과를 누리지 못하도록 규제하는 것이고, 모아서 나누는 국가의 역할을 분명히 하는 것이다.

4. 지속가능성과 관련된 담론(기업, 정부기구, NGO)

지속가능개발목표라는 유엔의 의제는 국제 사회에서 통용되는 기본 의제가 되었다. 한국 정부도 대통령 직속 지속가능발전위원회를 두어 이러한 의제에 부응하고 있는데, 문제가 되는 것은 이러한 의제가 제3세계에는 해당 사항이 있지만 한국과 같은 선진국에서는 적용할 수 없는 지표가 대부분이라는 점이다. 결국 맞지 않는 옷을 입고 있는 셈이며, 획기적인 기후위기 대응이 없다면 무엇에 대한 지속가능성이냐는 질문에 응답해야 할 것이다.

5. 한국에서의 자연보호 운동의 담론과 녹녹 갈등

자연보호 운동은 산과 들, 갯벌, 바다 등을 지키려는 민중들의 운동이지만, 현재 재생에너지 시설과 관련해서 충돌하고 있는 녹녹 갈등의 원천이기도 하다. 그런 점에서 지역사회에 기여할 수 있는 재생에너지 시설이 되기 위해서 이익공유제와 같은 생태 배당 제도가 보완적으로 자리잡아야 한다.

6. 생태계 보존, 습지 보전, 사막화 방지, 생물 종 다양성 등 환경국제협약 등에 대한 정부와 NGO의 수용 담론

개발주의, 토건주의 등의 성장주의가 파괴하고 있는 다양

한 생명권역에 대한 국제 공조를 이루는 의제이다. 이를 위해서는 우선 성장주의 문명 자체에 대한 재고가 이뤄져야 하며, 이를 통해 국제적인 의제에 부합하면서도 실질적인 효과를 낳는 정부 정책이 수립될 필요가 있다.

7. 환경영향평가와 정량적 방법론에 대한 수용 담론

환경영향평가와 같은 정량적인 방법론에서는 생명권역평가와 같은 부분이 빠져 있으며, 토건주의와 개발주의의 이익에 복무하는 요식 행위로 드러나고 있다는 점이 문제이다. 개발은 마을 공동체를 파괴하고, 더 나아가 졸속으로 진행된 환경영향평가를 통해서 정당화되기 일쑤이다. 이를 막기 위해서는 특정 기관에 위탁하는 형태가 아닌 시민사회와 마을 주민 등의 참여가 보장될 수 있는 환경영향평가가 필요하다.

8. 프레온 가스 협약의 성공 이후의 거대 계획과 관련된 담론

거대 계획과 관련된 담론의 경우, 규제 물질에 대한 국가 간 협력과 심층적인 역학조사를 통한 과학자들의 심의민주주의 등이 요구된다. 거대 계획은 자원으로 간주된 자연과 생명의 한계를 명확히 하면서, 인류가 통제할 수 있는 물질로 산업이나 생산의 자원을 한정하는 노력이 요구된다. 제3세계에 폐

기물을 떠넘기는 방식으로 대처하던 다국적 기업들에 대한 규제가 필요하며, 이는 범국가적 공조를 통해 이루어져야 한다.

10. 재자연화와 복원, 보호 담론

4대강 사업이나 새만금 간척 사업과 같은 거대 토건 사업의 후유증은 매우 심각하며 재자연화를 위한 시민사회와 주민, 공공의 협치가 반드시 필요하다. 재자연화는 결국 개발 비용보다 생태 복원 비용이 더 들어가는 현재의 상황에서 필수적인 담론이다.

11. 협치를 통한 의제화·법제화(제도적 구성주의 담론)

협치를 통해서 제도를 창안하고 변화시키는 노력은 생태시민과 관 간의 교직과 협력의 필요성을 의미한다. 관에서 할 일을 민(民)에게 떠넘기는 논리로 기능하는 신자유주의적 협치를 넘어서기 위해서는 관과 행정의 변화가 우선되어야 할 것이다.

(3) 자연생태의 키워드들

환경 관리 주의	계획	신기후 체제로 대표되는 기후변화협약, 질소 순환과 관련된 해양 생태계 오염 방지 협약, 습지 보존, 열대 우림보존협약, 생물 종 다양성 협약, 자연보호 담론, 생명권 헌법 명시, 사막화 방지 협약
	제도의 변화	탄소 시장, 탄소세, 육류세, 환경세, 기후세, 환경영향 평가, 물 공공성, 생산자 자원순환 책임제, 동물 복지 정책, 생명권 소송
	환경 정치	지속가능한 발전 전략, 기아 방지 협약과 식량 주권, 토종 종자 보존, 생물 종 다양성 협약
	지속가능성	미래 세대의 권리, 자연의 권리, 생명권, 자연보호 구역, 야생동물 보호 구역, 생태 보존 구역, 기업의 지속 가능한 경영, 지속가능한 발전 전략
	제도 창안	협치(governance), NGO, 직접 민주주의, 추첨제 민주주의, 공론 조사, 숙의 민주주의, 생명민회

3 마음생태와 근본생태주의

'마음생태'의 영역은 '정신생태학'이라고 불리며 근본생태주의의 화두로서 자리 잡은 영역이다. 그레고리 베이트슨의 저서

『마음의 생태학』은 이와 관련해 주목할 만한 입장을 제시한다. 여기서 베이트슨은 마음 자체를 애니미즘의 구도라 할 정도로 배치와 관계망에 영향을 받는 것으로 자리 잡게 만들었다. 그가 말한 정신분열증에 대한 임상 관찰은 이중구속(double bind)이라는 두 개의 모순된 메시지가 발신되어 '이러지도 저러지도 못하는' 상황에 입각해 있는데, 이는 초맥락적 증후군을 통해서야 비로소 해결될 수 있는 것이라고 말한다.

근본생태주의의 영역에서는 인간중심주의에서 생명중심주의로의 이행과 의식 혁명, 생활 양식의 변화 등에 대해서 얘기한다. 결국 생태계가 전일적으로 연결된 관계망의 하나라는 사실을 깨닫는 전체론에 입각하여 삶을 변화시키고 마음을 변화시키는 운동이다. 근본생태주의 계열에 속하는 가타리에게 마음의 문제는 '주체성 생산(the production of subjectivity)'이라는 과제를 갖고 있다. 여기서 주체성은 근대의 책임 주체(Subject)와 달리 미리 주어진 것이 아니라, 과정 속에서 구성되고 만들어내야 할, '그 일을 해낼 사람'이다.

더불어 생태적 지혜라는 독특한 지식 체계 역시도 세계 녹색당의 당헌이 될 정도로 중요한 항목이 되고 있는데, 이 역시도 근본생태주의가 갖고 있는 사상적 면모를 보여준다. 생태적 지혜는 삼림, 하천, 갯벌, 우물, 바다 등의 공유지에서 싹튼 지혜, 연결망의 지혜이다. 영국에서 전쟁으로 남편을 잃은 부인들에게 숲을 공유지로 개방하자 그녀들로부터 약초, 발효, 벌레 퇴치, 종자, 식생 등 다양한 생태적 지혜가 싹텄는데, 이제막 태동하기 시작하던 자본주의는 이러한 생태적 지혜를 마녀사냥의 이름으로 처단한 바 있다. 여성들로부터 발생하는 공유지식이 공유지에 울타리를 치면서 사적 소유를 강화하던 지배자들의 이해관계가 충돌할 뿐만 아니라 왕립학회로 대표되던 남성 전문 지식인들의 지식 독점을 약화하기 때문이었다. 마녀사냥은 여성들에 대한 공격 그 이상으로 생태적 지혜와 그 지혜를 형성하는 주체성에 대한 잔혹한 공세였던 것이다.[7] 그 점에서 생태적 지혜는 아카데미의 지식 체계과 달리 비선형적인 지식 체계를 특징으로 하며, 암묵지, 노하우 등이라고 할 수 있다.

한국에서 근본생태주의가 시민들의 삶에 뿌리내린 사건은 2003년 지율스님의 천성산 도롱뇽 소송이었다. 도롱뇽이라는 미물의 생명권을 중시하는 이러한 생명권 소송과 100여 일의 단식은 한국 사회에 큰 파문을 남겼다. 생명중심주의로의 이행을 주장하는 근본생태주의 시각은 영성과 마음을 중시하는 불교생태학의 영향을 많이 받았지만, 더 나아가 지구와 생명, 자

---

7 이에 대해서는 실비아 페데리치, 황성원·김민철 옮김, 『캘리번과 마녀』(갈무리, 2011)와 피터 라인보우, 정남영 옮김, 『마그나카르타 선언』(갈무리, 2012)을 참고하라.

연이 서로 연결되어 있다는 깨달음을 공유한다. 이른바 전체론이라고 불리는 연결을 응시하는 마음은 근본생태주의의 심오한 영성적 차원을 개방한다.

독일 녹색당과 세계 녹색당 운동에서 근본파와 현실파의 분파적 구분은 역동적인 사건이라고 할 수 있다. 인간의 오만으로부터 벗어나기 위해서 생명중심주의로의 이행을 주장하며 생명권을 말하는 근본파와 인간 생존주의(=프로메테우스주의) 입장에서 자연과 생명을 보호하는 현실파의 입장은 그 출발부터가 사뭇 다르다. 그래서 현실파들이 적록 연정, 환경 정치, 합리적 생태 시민성의 입장에 선다면, 근본파들은 생활 양식의 변화, 의식 혁명, 생태 영성을 추구하는 입장에 선다. 가타리는 이것을 하나의 그림의 구도로 통합시켜 내면서 근본파와 현실파의 내적 긴장을 녹색 운동의 역동적인 힘으로 전환시키려는 노력을 했던 것이다.

(1) 근본생태주의 담론의 핵심 문제제기

근본생태주의 담론의 첫째 부분인 '생활 방식의 변화'는 기본적으로 '문명의 전환'이라는 기획하에서 제기되는 것이다. 아파트, 텔레비전, 육식, 자동차들의 생활 양식이 바뀌지 않는

한 녹색 전환은 불가능하다는 점에서 탈성장과 공유되는 지점을 갖는다. 보통 산업에서 유기 농업, 생명 농업으로의 이행을 큰 판으로 하면서 생활 방식 전반을 저탄소, 탄소순환의 입장에서 다시 짜려는 의도를 갖고 있다.

근본 생태 주의	생활 방식의 변화	TV, 육식, 자동차, 아파트 등에 기반한 정상 영업 상태에 있는 기존의 사고방식과 생활을 변화시켰는가?
	주체성 생산	새로운 주체를 형성했는가?
	생태적 지혜 (영성)	전체 생태계가 모두 서로 연결되어 있다는 원리에 따라 관계가 수립되는가? 제기된 문제가 생태적 지혜에 입각해 있는가?
	풀뿌리	생활 연관하에 있는 국지적이고 유한한 삶의 영역인 풀뿌리에서 출발했는가?
	문명의 전환	기존 문명(화석 문명, 속도 문명, 성장주의)의 방식과 다른 방식의 생활을 채택했는가?

둘째 부분인 '주체성 생산'은 현재의 시스템이 변경되기 전에 그에 선행해서 시스템 변경을 해낼 사람을 만들어내는 일의 필요성, 즉 주체성 생산의 필요성을 제기한다. 주체성 생산의 영역은 관계망과 판 위에서 정동의 순환에 따라 강렬도가

높아졌을 때 '나서는 자'가 생기는 문제인지라, '판 짜는 자'의 역할 역시도 강조된다.

세 번째 부분은 생태적 지혜이다. 생태적 지혜는 생태 영성의 차원과 공유 지점을 가지며, 사물, 생명, 자연, 기계 등의 가장자리, 곁, 주변에서 생성되는 독특한 지식 체계를 특징으로 한다. 생태적 지혜는 공유지에서 싹 트는 지혜이자 연결망의 지혜인데, 사물과 생명에 대한 애니미즘적 특징을 갖는다. 커먼즈 자체가 소수자의 인공적 자연이었다는 특징을 보인다는 점에서 생태적 지혜는 다소 모호한 영역에서 전수되는 암묵지나 노하우와 같은 것이라고 할 수 있다.

네 번째 부분은 풀뿌리이다. 풀뿌리는 가장 근접 거리에 있는 국지적인 영역에서 발견되는 새로운 가능성을 의미한다. 다시 말해 로컬 민감성 자체는 전 지구적 관심의 출발점일 수 있다. 이에 대해서 가까이에 있는 깊이와 잠재성을 발견하는 것으로서의 국지적 절대성이 전 세계를 여행하는 노마드와 같다는 들뢰즈과 가타리의 언급도 있다. 그러나 풀뿌리는 토착성, 향토성, 뿌리내림에 장소성과 같은 폐쇄된 지역사회의 공식과 달리, 열리고 자기생산하는 지역의 기층 단위를 의미한다.

다섯 번째 부분은 문명의 전환이다. 이는 속도, 성공주의, 승리주의, 자기계발, 효율성 등을 추구해 오던 성장주의로부터 벗어나 어떻게 탈성장 전환 사회를 만들어낼 것인가의 문제이다. 동시에 화석연료에 기반한 모든 문명의 작동 방식에 대해서 의문을 가지며, 순환과 재생, 호혜와 증여의 대안적인 문명으로의 전환을 의미한다. 이는 자본주의 체제를 그대로 둔 채 이루어질 수 없다는 점에서 체제 전환이기도 하다.

(2) 근본생태주의 수용 담론들

1. 불교 생태 운동과 도법 스님, 지율 스님

지리산 연찬, 지리산 정치학교 등을 주관하시는 도법 스님을 만나면 인드라망에 대한 설명과 생명평화결사의 만장에 대한 설명을 자세히 해준다. 불교 생태 운동의 면면은 도법 스님과 지율 스님으로 이어지고, 불교환경연대라는 결사체로 드러난다. 불교 생태 운동은 불교를 사회과 분리된 영성적 차원으로 간주하지 않고, 사회적 실천 주체가 영성적인 운동임을 주장해 왔다. 불교 생태 운동은 마음의 변화, 문명의 전환, 탈성장으로 나아간다는 점에서 근본생태주의의 대표적인 갈래이다.

2. 무위당 장일순의 생명 사상과 한살림

무위당 장일순은 농약과 비료를 써서 농부 자신마저도 위험에 빠뜨리는 죽음과 죽임의 문화에 대해서 문제의식을 갖고 한살림 농산이라는 생명 농업, 유기 농업에 기반한 생활협동조합 운동을 강원도 원주에서 시작했다. 이후 이러한 장일순 선생님의 생명 사상이 한살림생활협동조합으로 구체화되었고, 친환경 유기 농업을 하는 생산자와 뜻 있는 소비자들이 어우러진 생활자 개념의 도농 교류의 장을 연다.

3. 김지하의 생명 사상과 한살림 생명파

시인 김지하로부터 시작된 독재 치하의 생명 운동은 사람들로 하여금 죽임과 죽음의 문화를 넘어서 생명 살림의 문화로 향하게 하는 하나의 장을 형성했다. 현재 정읍의 생명사상 연구소와 생명학연구회 등으로 그 뜻을 계승하는 생명 운동의 면면이 작동하고 있다. 사상적 계보로 보자면 동학농민운동으로부터 시작된 전통으로부터 천도교와 불교 등 생명 운동의 전통이 이어져 내려오고 있다.

4. 생태 영성의 논의들

의식 혁명, 생태적 지혜(독일 녹색당), 주체성 생산(가타리), 종교적 영성의 논의를 포괄하는 맥락을 갖는다. 최근의 기후위기 상황에서 모두의 책임론에 입각해서 도덕주의/영성주의에 기반한 탈성장 운동이 부각되고 있지만, 청소년들의 기후행동은 사실상 도덕주의/영성주의로부터 벗어나 책임져야 할 부위로서의 제1세계, 대기업, 석탄화력발전소에 대한 책임을 묻는 바로 나아갔다. 그러나 이러한 포괄적인 생태 영성의 운동이 미래의 탈성장 운동에 대해서 영감을 주는 것은 분명하다.

5. 전체론

아르네 네스는 자아(self)를 넘어선 광대역의 자아(Self)를 제기하며, 프리초프 카프라의 '생명의 그물' 논의 역시 전체론의 의미를 구체화시킨다.[8] 근래에는 조애나 메이시가 『생명으로 돌아가기』에서 제시했던 '재연결'의 관점이 부각되기도 했다. 이 모든 것은 특정한 인격체의 마음 안에 자아가 담겨 있다는 식의 고정관념을 버리고, 새로운 인식에 도달하려는 노력을 엿볼 수 있게 하는데, 이는 사물, 자연, 생명이 모두 서로 연결되어 있다는 점에 기초해 있다.

6. 생명권 논의와 에코파시즘이라는 비판

인권을 넘어선 생명권 운동은 인간의 오만과 자만을 버리

---

8 프리초프 카프라, 김용정·김동광 옮김, 『생명의 그물』(범양사, 1998).

고 생명중심주의로 이행하는 패러다임을 그린다. 그러나 생명권 운동이 인권을 도외시하면서 인간을 암적 존재나 지구에 붙은 벼룩이라고 묘사하는 것은 결국 에코파시즘이라는 지적으로부터 자유로울 수 없다. 특히 인구수에 대해서 문제를 시시콜콜 얘기하면서 언급했던 논증들은 제3세계와 기후난민에 대한 혐오로 향할 소지가 다분하다. 기후정의라는 측면에서 생명권의 확장된 버전은 결국 기후난민에 대한 환대와 제3세계가 처한 기후 불평등 해소를 위한 기후행동이다.

7. 마샬 로젠버그의 비폭력 공감 대화

비폭력 공감 대화는 야마기시즘의 연찬을 떠올리게 한다. 대립, 갈등, 모순의 대화법이 아닌, 공감, 합의, 공유의 대화법은 민주주의의 기초이자, 생명 살림의 기초이기도 하다. 자신의 뾰족함을 과시하는 비판 담론이 아닌 상대방의 존재를 온전히 받아들이면서 공감의 대화를 펼치는 것이 공동체의 생태영성 운동에서는 언제든 가능하다.

8. 베이트슨의 『마음의 생태학』의 이중 구속론과 들뢰즈와 가타리의 분열 담론

그레고리 베이트슨은 대칭적 분열 발생과 보완적 분열 발생을 구분하는데, 여기서 대칭적인 분열 발생은 이러지도 저러지도 못하는 정신분열증 유형의 병리적인 것이라면, 보완적인 분열 발생은 사회와 공동체의 활력을 발휘하게 하는 원천이 된다. 들뢰즈와 가타리는 분열 분석의 방법론을 통해서 분열 발생의 에너지가 자본주의에 가로막히는 것이 아니라, 욕망 해방의 차원으로 전개되는 방향성을 설명하려고 했다. 이는 68혁명 속에서의 생명 에너지로서의 욕망의 운동, 다시 말해 생태 영성적인 운동의 확장이라고 할 수 있다.

9. 현대 물리학 이론

복잡계 논의로부터 시작된 구성주의와 도표주의 등이 물리학의 논의에서 연성 과학의 맥락을 만들어냈으며, 동시에 양자역학과 초끈 이론 등이 비선형적인 방식의 물리학을 개방했다. 이러한 비선형방정식과 같은 영역은 생태계의 연결망이 하나의 모델에 의해서 장악된 것이 아니라, 여러 모델을 넘나들며 형성된 메타모델이자 복잡계임을 의미한다. 또한 양자역학의 확률론적 논의는 추첨제 민주주의를 설명할 귀중한 전거라고 할 수 있다.

(3) 마음생태의 키워드들

근본 생태 주의	생활 방식의 변화	기존 생활 방식(TV, 육식, 자동차, 아파트, 마트, 일회용품, 냉난방기, 과자, 생활 화학물질 등)을 넘어선 대안 미디어, 채식, 자전거, 공동 주거 운동, 공동체 경제, 탄소순환 경제, 환경 친화적 제품 쓰기
	주체성 생산	합의제, 비폭력 공감 대화, 차이를 통한 무지개연대, 생명 운동, 소수자 운동, 추첨제 민주주의, 자율주의 담론, 구성주의 담론
	생태적 지혜 (영성)	식생, 요리, 종자, 보관, 삼림, 하천, 산파 등의 할머니들의 지혜, 일반지성, 떼 지성, 다중지성, 오픈소스, 공유 경제 등의 집단지성, 명상과 기도 등 마음 치료
	풀뿌리	지방어 살리기 운동, 지역순환 경제, 국지적 절대성, 로컬푸드, 풀뿌리 정치, 지역당 운동
	문명의 전환	기존 문명(화석 문명, 속도 문명, 성장주의)이 아닌 재생에너지, 느림과 여백의 문화, 지속가능한 발전과 내발적 발전의 성숙의 경제, 도시재생, 마을 만들기, 미니멀리즘

4 사회생태와 사회생태주의

'사회생태'는 사회생태주의와 생태마르크스주의의 쟁점이며, 기후위기 시대에 체제 전환을 요구하고, 탈성장 전환 사회를 창안하는 방향으로 향하고 있다. 다시 말해서 자본주의 문명 자체를 극복함으로써, 반자본, 반권력, 반파시즘 사회를 구상하는 것이라고 할 수 있다. 또한 근본생태주의는 마음의 운동, 영성의 운동을 주장하지만, 지나치게 개인이 갖는 관념의 문제에 천착하고 있기 때문에 체제와 시스템, 제도를 문제 삼지 않으면 안 된다는 메시지를 담고 있다. 동시에 환경관리주의는 현존 자본주의 문명의 제도 속에서 문제를 해결하려 하기 때문에, 문제를 일으키고 있는 당사자인 자본주의 문명 자체를 문제 삼지 않고 있다고 비판한다.

머레이 북친은 근본생태주의가 환경파시즘이라는 함정에 빠질 수 있음을 깊이 인식하면서 이를 극복하기 위한 관점으로서 사회생태주의를 창안했다.[9] 다시 말해서 인간 사회의 문제에 대해서 해결책과 대안을 제시하기보다는 인간을 지구의 벼룩이나 암적 존재로 치부하면서 뺄셈해 버리는 방식에 대한 문제제기였다. 북친은 이성, 휴머니즘, 사회 변혁, 코뮌주의 등을 생태주의적 시각에서 복권하고자 했는데, 그것은 자본주의라는 적에게 너무 많은 것을 넘겨주어서는 안 되며, 우리 자신

---

9 이에 대해서는 머레이 북친, 서유석 옮김, 『머레이 북친의 사회적 생태론과 코뮌주의』(메이데이, 2012); 머레이 북친, 문순홍 옮김, 『사회생태론의 철학』(솔출판사, 1997); 머레이 북친, 박홍규 옮김, 『사회생태주의란 무엇인가』(민음사, 1998) 등을 참고하라.

의 구성 원리로서의 가치를 보존해야 한다는 관점이었다.

　사회생태주의는 사회적인 관계와 배치를 중시하면서도 사회 변혁, 다시 말해 체제 전환으로 향하는 운동의 필요성을 역설한다. 이런 점에서 사회생태주의는, 사회구성주의가 갖고 있는 사회적 관계 자체를 구성하고 창안하는 시도를 전제로 하면서도 동시에 대안적인 전망을 구성하는 방향으로 나아간다는 점에서의 코뮌주의를 말하는 것이다. 사회생태주의는, 생태계 위기의 원인이 분명히 자본주의 문명에 있으며, 이를 극복하기 위한 현실 운동으로 코뮌주의 운동과 그 전략의 필요성을 말한다. 이를테면 인류학적으로 볼 때 인간에 의한 자연 지배 이전에 인간에 의한 인간의 지배, 즉 계급 지배가 선행하고 있었다는 관점을 북친은 고수하려 했다. 이러한 그의 인식은 결국 생태 혁명은 계급 해방과 함께 달성되지 않으면 무의미할 뿐만 아니라 심지어 생태파시즘의 유혹에 쉽게 빠져들 여지를 남기게 된다는 점을 보여주었다.

　가타리의『세 가지 생태학』의 사회생태 영역은 사회생태주의와 생태마르크스주의, 체제 전환을 요구하는 사회 운동과 깊게 공명한다. 이른바 사회적 관계망과 배치가 사라진 진공 상태로부터 생태 운동은 출발할 수 없으며, 사회 변혁을 위한 전환의 움직임이 생태주의 운동이라는 점을 사회생태주의는 분명히 하고 있다. 이는 현재의 생태 문제를 해결하기 위해서는, 제3세계의 기후 불평등과 빈곤 그리고 각 지역에서 벌어지는 인종적 차별의 문제를 함께 다룰 수 있어야 할 뿐만 아니라, 오늘날의 전 지구적 자본주의 체제 역시 근본적으로 변혁되어야 한다는 점을 전제로 한다. 가타리가 사회생태주의 운동로부터 끌어내고자 하는 것은 바로 이렇게 전 지구적으로 얽혀 있는 문제 상황의 복잡함을 이해하면서 그것을 돌파할 단초였다. 오늘날 공동체, 사회, 전 지구적 질서는 서로 연결되어 있으며, 이는 사회적 관계의 차원을 넓은 지평에서 조망하는 관점을 필요로 한다.

(1) 사회생태주의 담론의 핵심 문제제기

사회생태주의 담론의 첫 번째 문제 설정은 사회적 관계와 배치의 문제에 관한 것이다. 사회적 관계는, 마르셀 모스(Marcel Mauss)가 『증여론』에서 주장했듯이, 증여의 관계로 수립될 수 있다. 증여의 형태로는 공동체 단위를 중심으로 이루어진 '포틀래치(potlatch)'가 아닌 사회적 관계망의 원형적인 순환을 그리는 '쿨라(kula)' 유형의 관계 맺기 방식을 추구하는 것이 사회생태주의의 관점에서는 더 적절해 보인다. 이런 점에서 사회적 관계와 배치는 무차별 사회에서의 사교적인 만남으로서의 성장주의 유형이 아니라, 간공동체적인 연결망 속에서 창안되고 구성되는 관계망을 지칭한다.

사회 생태 주의	사회적 관계	사회적 관계의 변화를 초래해서 기존 사회적인 배치와 위치에 변화를 유발했는가?
	과학기술의 재전유	대안적 방식의 기술 적용을 채택했는가?
	사회 변혁	자본주의의 작동을 정지시켰거나 전면적으로 변화시켰는가?
	에코 페미니즘	인간과 자연의 관계 위상의 변화가 여성과 남성의 관계에도 영향을 주었다고 생각하는가?
	코뮌주의	사회 구조의 전면적인 변화와 대안 사회를 구성할 수 있는 자치와 자율의 관계망의 원천이 된다고 생각하는가?

두 번째는 과학기술의 재전유(re-appropriation)이다. 과학기술에 대해서 기술 낙관주의, 기술 비관주의, 기술 중립성론 등이 있는데, 사회생태주의는 재전유론에 따라 과학기술과 반

자본주의를 연결할 방안을 찾는다. 감속주의에서의 적정 기술과 가속주의에서의 녹색 기술 등이 있을 수 있는데, 내가 보기에 여기서 과학기술은 닉 서르닉(Nick Srnicek) 등과 같은 일부 좌파의 관점에서 제기되는 '기술 가속주의'와 공명하는 바가 있다.[10]

---

10 이에 대해서는 로빈 맥케이·아르멘 아바네시안 엮음, 김효진 옮김, 『#가속하라』(갈무리, 2023), 이 중에서도 특히 4부에 실린 닉 서르닉과 알렉스 윌리엄스의 「#가속하라: 가속주의 정치 선언」과 안토니오 네그리, 「『가속주의 정치 선언』에 대한 성찰」을 참고하라.

포틀래치와 쿨라   · 개념어 쪽지 ·

북미에서 사용되었던 치누크어에서 유래한 개념인 '포틀래치'는 '식사를 제공하다'나 '소비하다'를 뜻한다. 마르셀 모스는 포틀래치를 원주민 공동체가 추구하는 선물 경제의 한 형태로 보면서, 이것이 끊임없이 벌어지는 축제를 중심으로 이뤄진다고 설명한다. 모스는 이러한 경제적 형태에서는 경쟁과 적대의 원리가 모든 관행을 지배하며, 경쟁 상대를 압도하기 위하여 축적한 부를 아낌없이 낭비함으로써 위세를 과시하는 일로 쓰였다고 말한다. 모스는 소진적 소비로 나타났던 포틀래치와 구별되는 또 다른 선물경제의 형태로 화폐를 통한 증여로서 '바이구아'를 소개한다. 그는 바이구아가 원형을 그리며 이동한다고 설명했는데, 원주민들은 이러한 원형을 '쿨라'라고 불렀다. 팔찌인 음왈리는 서쪽에서 동쪽으로 전해지며, 목걸이인 술라바는 동쪽에서 서쪽으로 이동한다는 것이다. 그것을 받은 사람은 다른 사람에게 그것을 넘겨주어야만 하는 의무가 있으며, 이 의무로 인하여 사람들은 서로 접촉 교류를 하게 된다. 설혹 접촉 교류에서 문제가 발생하더라도 문제를 해소하기 위한 주문을 외울 때 필요한 매개물로써 바이구아가 일정한 역할을 했으며, 원주민들은 그것이 가치 있거나 아름답다고 생각했다고 모스는 전한다. 이에 대해서는 마르셀 모스, 이상률 옮김, 『증여론』(한길사, 2002)을 참고하라.

세 번째는 사회 변혁이다. 사회 변혁에 있어서 전망을 공산주의와 사회주의 등으로 사유하는 것을 넘어서 사회 변혁 이후의 삶을 탈성장 전환 사회, 즉 코뮌주의적인 삶의 대안으로 제시한다. 사회 변혁은 생태 혁명을 가능케 할 판을 짜는 것으로서 기후위기 상황에서의 체제 전환의 목소리와 공명한다.

네 번째는 에코페미니즘이다. 에코페미니즘이 자연과 인간의 관계를 남성과 여성의 관계의 은유로 삼았던 것은 가부장제와 자연 지배적 관점을 은유와 비유의 방법을 통해 일치시키고 그것을 벗어나기 위한 기획을 제시하기 위함이었다면, 사회적 에코페미니즘은 여성 차별을 사회적 관계로 읽어내고, 그것을 통해 여성들의 투쟁 및 다양한 섹슈얼리티 형태들과 공명할 수 있는 기획을 전개하고자 했다. 우리가 생각하기에 사회적 에코페미니즘은 생태민주주의를 구성할 주체성을 소수자와 퀴어를 포괄하는 관점에서 제기할 수 있다는 의의가 있으며, 이는 앞서 1장에서 기술했듯이 생태주의 자체를 퀴어적으로 재구성하는 노력과 연결될 수 있을 것이다.

다섯 번째는 코뮌주의이다. 코뮌주의는 이념형이자 완결형으로서의 공산주의를 의미하는 것이 아니라, 탈성장 전환 사회를 이룰 관계망 자체를 의미할 것이다. 동시에 이는 영리적 목적으로 설립되는 사회적 기업이나 사회적 경제와는 달리, 탈생산 중심주의나 탈소비 중심주의의 경제와 문화를 만들어내는 국지적 모듈(module)의 조직화와 좀 더 깊은 관계를 맺는다. 우리는 모듈 하나의 코뮌적 작동이 네트워크로 연결된 사회 전체에 심원한 영향을 줄 수 있다고 생각하며, 우리가 참여하고 있는 생태적지혜연구소협동조합은 그러한 탈성장 지향의 코뮌적 조직화 모델의 한 사례가 될 것이다. 우리는 그러한 조직화 활동이 네트워크 혁명의 기틀이 될 수 있도록 현재 여러 형태의 실험을 진행하고 있는데, 이는 우리가 생각하는 코뮌주의가 과정형적이고 진행형적인 성격을 갖고 있다는 전제하에서 생태 돌봄의 새로운 관계, 일상적 혁명을 꿈꾸는 공동체 연결망, 수평적이고 개방적인 내부조직 문화, 창의적인 탈성장 이야기 구조의 수립 등을 이뤄내기 위한 노력으로 진행되고 있다.

(2) 사회생태주의 수용 담론들

1. 기후위기에 대한 체제 전환의 목소리와 그레타 툰베리의 '시스템을 뿌리 뽑자(Uproot The System)'

인류세 담론은 인류가 지질학적 지층까지도 변화시킬 정도의 영향을 준 바와 함께 인류 자체가 하나의 지층이 되어 사라질 운명 등에 대해서 다룬다. 이에 반해 기후위기에 대응하는 체제 전환을 요구하는 운동 세력들에게는 현재의 국면에서 사라져야 할 것이 인류가 아니라 자본이라는 점을 분명히 한다는 점에서 자본세라는 개념을 사용한다. 그레타 툰베리에 의해서 창안된 체제 전환의 시나리오는 기후위기에 대한 선제적인 대응으로서의 자본주의 문명 전반에 대한 전복을 의미한다. 자본주의가 변혁되지 않고서는 기후위기에 대한 제대로 된 대응이 불가능할 것이라는 선언이기도 하다.

2. 녹색당 내의 반자본주의와 생태마르크스주의 계열들

녹색당 내의 생태마르크스주의 운동의 움직임들은 기후정의의 중요성을 제기하면서 구성된 '기후정의 위원회'로 확인되는데, 이는 기후 불평등과 기후 차별에 맞설 수 있는 논제인 '기후정의'를 사회 운동의 형태로 실현하기 위한 노력이다. 사이토 고헤이와 같은 생태마르크스주의 계열의 활동가들은 기존의 마르크스주의가 생산력 증가를 통해 (노동)해방에 도달할 수 있다고 보는 것(사이토 고헤이는 이를 "생산력 지상주의"라고 부른다)과는 달리 '인간과 자연의 신진대사 과정'에 초점을 맞추는 마르크스에 대한 연구를 통해 생태계 문제를 다루고자 한다.[11] 동

---

11 사이토 고헤이, 김영현 옮김, 『지속 불가능 자본주의』(다다서재, 2021).

시에 그들은 마르크스가 말년에 베라 자술리치(Vera Zasulich)와 주고받은 서한에서 러시아의 촌락 공동체인 '미르 공동체'를 높게 평가한 부분과 『공산당 선언』「러시아 2판 서문」에서 러시아의 토지공유제를 "코뮤니즘적 발전의 출발점"으로 이해할 수 있다고 말한 것에 주목한다.[12] 한국에서의 녹색당은 근본생태주의, 환경관리주의, 생태마르크스주의(사회생태주의)의 삼분할에 따라 균형 잡히고 역동적인 논의를 이어가고 있다.

3. 반권위주의와 생태아나키즘 계열

함석헌의 '씨알 사상'에 담긴 생태아나키즘과 다석 유영모의 사상은 역사적 아나키즘의 모습을 보여준다. 반권위, 반자본, 반권력의 작동 원리를 갖고 움직인 아나키즘은 한국에서는 처음에는 '개인주의적인 아나키즘'의 형태로 소개 및 출현했다가, 이후 아나코-코뮤니즘의 대표적 인물인 표트르 크로포트킨(Peter Kropotkin)의 책들이 번역·소개되면서 서서히 '협동하는 사회적 아나키즘'의 형태로 이행하게 되었다.[13] 크로포트킨

---

12 이에 대해서는 카를 마르크스, 김성한 옮김, 「베라 자술리치에게 보낸 편지 및 초안」, 『맑스·엥겔스의 농업론』(아침, 1990), 242-267쪽과 사이토 고헤이, 앞의 책, 4장을 참고하라.
13 표트르 크로포트킨, 김영범 옮김, 『만물은 서로 돕는다』(르네상스, 2005); 표트르 크로포트킨, 김유곤 옮김, 『크로포트킨 자서전』(우물이있는집, 2014).

의 사상은 아나키즘과 사회생태주의의 결합으로 나타났는데, 이 역시 기후위기와 자본주의 체제에 대한 대안 담론의 한 자리를 차지하고 있다.

4. 한국에서의 여성주의의 발전과 에코페미니즘의 등장

여성환경연대의 창립과 함께 나타난 한국의 에코페미니즘 운동은 구체적인 사회 현실 안에서 실천적 활동을 왕성하게 벌였으며 이제 완숙기에 접어들어 가고 있다. 미투 운동 등으로 촉발된 젠더 감수성은 에코페미니즘의 또 다른 기반이 되었고, 이후 환경 운동 진영 내에서도 그 문제의식이 적극적으로 반영되고 있는 상황이다. 기후위기 상황에서 젠더 불평등이 가속화되고 있다는 점을 고려했을 때, 에코페미니즘 운동의 일환으로 진행되는 생태주의적 연구와 조사, 사회적 실천 등은 더욱더 주목될 필요가 있다.

5. 전환도시 운동과 도시 재생 담론 그리고 마을 만들기

파리의 15분 시티 등을 만들어냈던 프랑스 생태주의 진영과 마찬가지로 도시 재생 담론과 마을 만들기는 새로운 도시 정책 의제를 창안해야 하는 시점에 와 있다. 도시국가의 형태에 점점 더 가까워지고 있는 현재의 한국 사회에서 도시 전략

의 논의는 아주 중요하며, 이는 오늘날 한국의 사회생태주의가 구체적으로 실현될 수 있는 주요한 실천 영역이 될 것이다. 이에 따라 기존에 진행되었던 청년 세대 중심의 '마을 만들기 운동'이 최근에 상당 부분 무력화된 상황에서, 그것을 갱신할 정책과 제도적 대안 등이 새롭게 고려되어야 할 것으로 보인다.

6. 북친의 사회생태주의의 수용

바람과 물 연구소, 대화문화아카데미 등에서 문순홍 등이 주관했던 1980년대 사회생태주의의 수용 움직임은 한국의 환경 운동과 생명 운동 진영에 크나큰 도약의 계기였던 점은 분명하다. 머레이 북친의 사상에 대한 수용은 사실상 녹색 진영뿐 아니라, 진보 진영, 생명 운동 진영, 환경 운동 진영, 시민사회 운동 등에서 전방위적으로 이루어졌고, 사상적인 검토는 일단락되었다. 이제 필요한 것은 사회생태주의를 오늘날의 현실 속에서 구현하고 그것을 다른 사회 운동들과 연합시킬 수 있는 새로운 지형을 구성하는 일일 것이다.

7. 과학기술의 재전유와 가속주의로서의 그린뉴딜 담론

기술의 가속화가 생태문명 도래의 원천이 될 것이라는 점에 대한 성찰과 모색은 여전히 필요하다. 그린뉴딜 담론이 촉발한 세 가지 차원의 가속주의(화폐의 가속주의, 기술의 가속주의, 민주주의의 가속주의)는 기존 성장주의의 포로가 된 화폐, 기술, 민주주의의 족쇄를 풀 수 있는 열쇠를 제공할 것이라는 기대감을 주었다. 하지만 성장주의 세력이 그린뉴딜을 포로로 만들어 예산 사업 형태로 전락시킨 것이 한국 사회의 현실이다. 그러나 최근 사회생태주의 운동과 녹색당의 전략이 가속주의로서의 그린뉴딜과 감속주의로서의 탈성장이 길항작용을 일으킬 수 있게 노력하고 있다는 점은 고무할 만한 지점이다.

8. 적녹연정 담론

구 진보신당의 생태 논의로부터 시작된 적녹연정 담론은 이제는 적색과 녹색의 구분조차 불필요한 것이 아닌가하는 생각이 들게 한다. 다시 말해 오늘날은 좌파 일반이 녹색 의제 대부분을 수용하는 형국에 직면해 있는데, 그 이유는 긴박한 기후위기 상황에서 새로운 전환의 움직임들이 활성화되었고 이는 적색과 녹색, 보라색과 무지개색 모두에게 공통되기 때문이다. 이런 상황에서 고민해야 할 것은 역으로 적색과 녹색, 보라색과 무지개색의 고유성과 특이성을 강화할 방법인데, 각각의 사회 운동들이 전념하는 고유한 의제들은 그 범위가 대단히 넓고 또 여전히 그 속에서 등장하는 새로운 투쟁 이슈들 및 저항의 형태들 역시 전체 운동 세력 모두에게 신선한 자극제로 기능할 수 있기 때문이다. 차이와 연대를 통한 시너지 효과가 더욱 깊은 파장력을 갖기 위해서는 사회 영역 곳곳에서 발생하는 여러 문제들에 고유한 대응논리를 구체적으로 만들어내는 활동가들의 다양한 접근법을 보장하는 일일 것이다.

9. 간공동체 운동과 네트워크 운동으로서의 지역 운동과 커먼즈 운동

공동체와 공동체 사이, 네트워크와 네트워크 사이를 겨냥한 지역 운동이 필요한 시점이며, 이를 플랫폼 등이 장악하려고 하는 형국이다. 이에 따라 플랫폼 자본주의에 맞서 대항하는 커먼즈 운동이 지역 사회 복원을 위한 움직임으로 나타나는 상황이다. 우리가 생각하기에 현재의 공유 경제를, 여러 사람들이 공통재를 서로 나눠서 이용하는 것(sharing)에 그치지 않고, 더욱 적극적으로 공통재를 만들어낼 수 있는 과정(commoning)으로 향하게 하는 것이 필요한데, 이를 위해서 커먼즈 운동은 새로운 이론과 실천 방안 등을 고민하면서 구체적인 현실에 적용될 수 있는 제도를 발전시킬 필요가 있다. 그렇게 됐을 때, 지역 운동과 커먼즈 운동은 사회생태주의 운동의 중요한 기층 단위를 형성할 것이다.

10. 소수자 운동과 차별금지법 제정 운동

최근에 나타나는 소수자에 대한 차별과 혐오의 확산은 생태민주주의의 기반을 공격하는 것으로 읽힐 필요가 있다. 앞서 1장에서 우리는 소수자들이 만들어내는 인공적 자연이 새롭게 생성된 커먼즈로 이해되어야 한다는 점을 강조했는데, 그런 점에서 소수자는 커먼즈를 지향하는 생태민주주의에게 있어 주요한 주체성이 된다. 사회생태주의 운동은 소수자 운동과 공명하면서 혐오와 차별에 맞서야 하며, 그것의 한 가지 제도 형태로서 차별금지법를 제정하고자 하는 흐름에 동참해야 한다. 소수자의 특이성은 공동체를 풍부하고 다양하게 만들 뿐만 아니라, 생태 시민이 가져야 할 생각과 실천의 개방성을 극대화하는 근본적인 요소이다. 나아가 우리는 더욱 적극적으로 소수자를 우리 사회의 외부가 아니라 우리 자신의 모습으로 파악하려고 노력해야 한다고 생각한다. 그렇게 내 안의 소수성을 확인하는 일, 나아가 우리를 구성하는 모든 자연과 생명, 생태도 이 소수성의 관점에서 다시 바라보는 일은 사회생태주의를 민주적으로 구성하는 핵심적인 원리이다.

(3) 사회생태주의의 키워드들

사회생태주의	사회적 관계	소비자 운동, 여성 운동, 소수자 운동, 노동자 운동, 협동조합, 네트워크, 반권위주의, 차별금지법, 장애인 이동권, 이주민 권리 운동. 동물권 운동, 기본소득 운동
	과학기술의 재전유	대안 미디어, 적정 기술, 친환경 기술, 기술과 실험실 민주화 운동, 숙의 민주주의, 시민과학 운동, 반핵 운동, 오픈소스와 정보공유 운동, 네트워크 운동
	사회 변혁	반자본주의, 생태 마르크스주의, 아나키즘, 비폭력 운동, 생명평화 운동
	에코페미니즘	에코페미니즘, 여성주의 상담, 비폭력 공감 대화, 반권위주의, 생태적 지혜, 여성주의 신학 운동
	코뮌주의	자유도시 운동, 대안 공동체 운동, 반자본주의, 코뮌분리 독립 운동, 마을 공동체 운동, 생태 공동체 운동, 에너지 전환 마을, 협동조합 마을, 대안 마을

Beyond the
Conflict between
Fundamentalist and
Realist in Ecological
Movements

5장

펠릭스 가타리의
『세 가지 생태학』의 미적 재전유*

* 이 글은 권진 외, 『미래 과거를 위한 일』(서울시립미술관, 2017)에 수록된 글이다.

1 바람의 언어, 휘파람과 언어 변용

갈라 포라스-김(Gala Porras-Kim)의 〈휘파람과 언어 변용 (Whistling and Language Transfiguration)〉은 멕시코 오악사카 지역에서 스페인 지배자들에 저항하기 위한 휘파람 사포텍 언어를 기록한다. 휘파람은 리토르넬로(ritornello)에 감응하면서 변주하는 선율, '리듬'의 차이와 '박자'의 반복이 어우러져 만들어내는 화음에 따라 감응되고 소통된다. 이제 언표로 고정된 의미를 전달하는 언어라는 표현 형식을 벗어나 상수를 갖지 않는 변수의 연속인 변주(variation)의 선율만이 남는다. 스페인 침략자들은 이 표현 양식이 무엇을 의미하는지, 결코 파악할 수 없었다고 한다. 그것이 지배와 포획의 대상이 될 고정관념을 발생시키지 않기 때문이다. 그것은 늘 다름의 언어, 달라지는 과정의 언어라고도 할 수 있다. 이는 새들이 적이 나타났다는 신호로 '삐리리리' 말하다가도 '삐삐리리', 혹은 '삐삐삐삐'로 모두 다르게 표현해도 의미가 통하는 변주의 절대적 과정과도 같다. 그것은 익명의 주체성을 만들어내는데, 인디언들이 밤에 이웃집을 방문할 때 "누구세요?"라는 질문에 이름을 말하지 않고, "저는 어둠입니다", "저는 바람입니다"라고 말해도 누군지 짐작하는 것과도 같다. 휘파람이 던지는 음율의 변주가 만들어내는 화음의 연속은 비인칭의 주체성, 즉 '우리 중 어느 누군가'의 언어인 셈이다. 이는 '다양성'의 언어라기보다는 '다양성 생산'의 언어이다. 과연 다양성은 주어질까? 만들어지는 것일까?

2 생태적 다양성의 미학

오늘날 차이와 다양성은 주어지는 것이 아니라 만들어지는 것이다. 더 이상 생태주의(ecologism)는 자연보호주의(conservationism)가 아니다. 마치 몸에서 털이 자라듯 자연은 가만히 놔두면 저절로 복원되고 치유되지 않는다는 것을 우리는 오늘날의 기후위기 속에서 절실히 깨닫기 때문이다. 이제 다양성은 외부에서 돌발적으로 주어지지 않으며, 구성되고 만들어져야 한다. 그런 점에서 다양성 생산, 차이 생산, 특이점 (singularity)의 설립이 우리의 실천 과제가 되었다. 생물종 다양성에서만 다양성을 말하는 것이 아니라 공동체, 사회, 자연, 마음속에도 다양성이 요구된다.

분명 '통합된 세계 자본주의'는 특유의 뺄셈, 즉 동질발생 (homogéne)을 특징으로 한다. 다양한 차이를 동질적 형태인 상품으로 통합한다는 점에서, 무수한 생산물을 만들어내지만 차이 없는 반복을 이뤄낸다는 점에서 통합된 세계 자본주의는 뺄셈의 메커니즘에 불과하다. 이것은 인간의 생산에서도 마찬가지다. 통속적인 생활 방식과 문화 생활, 소비 향유, 탄소 중독적인 삶, 심리 치료, 정신분석, 힐링, 웰빙, 자기 계발 등이 만들어내는 인간형을 생각해 보라. 세계 어디를 가나 비슷비슷한 삶의 유형이 등장하고, 선택할 수 있는 경우의 수는 사라져가고 있다. 통합된 세계 자본주의 내부의 세계는 안락하고 평화롭지만, 생태적 다양성을 빨아들이는 그리자유(grisaille)[1]의 평면이자 블랙홀이다. 다양성과 탄력성, 임기응변 등을 잃어버린

---

1 회색 평면을 의미하며, 리토르넬로와 같이 화음과 선율이 있는 입체적 공간과 대조된다.

통합된 세계 자본주의는 돌발적인 작은 위기 상황에도 도미노처럼 무너져 내릴 위험을 갖고 있다.

이에 반해 우리는 사랑, 욕망, 정동을 통한 특이점 설립이 갖는 덧셈, 즉 이질발생(hétérogène)에 대해서 주목할 필요가 있다. 이질발생은 사랑할수록 달라지는 것, 차이와 다양성을 더 풍부하게 만드는 사랑, 즉 되기(becoming)를 뜻한다. 이질발생은 '-임'(being)과 '존재/있음'(Sein)에 머무는 것이 아니라, '되기'의 과정이자 진행형으로서 색다른 '달라짐'을 발생시킨다. 그리고 이러한 달라짐(becoming-difference)의 과정이 만든 다름(difference)의 특이점들이 서로 연결되어 풍부한 생태계적 다양성을 조성한다. 여기서 특이점은 물리학 용어로 에너지가 돌연 물질이 되는 지점이다. 특이점을 설립하는 것은 우리 안의 생명 에너지인 정동, 사랑, 욕망, 돌봄과 같은 것이다. 특이점 하나하나는 각각의 문명이 선택할 수 있는 경우의 수다.

생태계적 다양성은 인류 문명이 선택할 경우의 수의 판(plan)이다. 여기서 경우의 수가 가질 수 있는 우발성의 신화는 기각되며, 경우의 수는 구성되고 생산되어야 한다. 여기서 생태계의 책략은 간단하다. 즉, 경쟁과 비용 편익, 최적 적응이라는 진화의 신화를 벗어나, '대체로 적응한 개체들'이 상호 연결되어 생태적 다양성의 판을 조성하는 전략이다. 그것은 동시에 연결망의 부수 효과를 발견하는 것을 의미한다. 다시 말하자면, 연결망의 시너지 효과를 '주체성 생산'이라고 집약적으로 이야기할 수 있다는 것이다. 공동체의 판이 강렬해지고 뜨거워질 때 갑자기 팔의 역할을 하는 사람, 머리 역할을 하는 사람, 다리 역할을 하는 사람이 불쑥 출현한다.

그레고리 베이트슨은 『마음의 생태학』에서 기계, 인간, 사물, 생명 등이 지닌 모종의 복잡성이 마음을 수반한다고 말했다. 이러한 마음은 지도 제작(cartographies)을 통해서만 파악될 수 있는 마음의 생태적 다양성을 만들어낸다. 생각(生角)은 애초에 그 한자어가 만들어질 때 모방한 형상, 즉 달팽이 촉수와 같이 접촉하고 접속되는 연결망 속에서 발생되는 것이다. 이러한 생태적 다양성의 판이 만든 마음의 문제는 '윤리적이고 미학적인 주체성을 어떻게 생산할 것인가?'라는 과제에 응답해야 할 것이다. 펠릭스 가타리는 『세 가지 생태학』에서 이러한 마

마음의 생태학   · 개념어 쪽지 ·

베이트슨의 마음에 대한 논의는 다시 말해 배치와 연결망이 마음을 만들어낸다는 점을 의미한다. 그런 점에서 마음은 본질을 적시하는 것이 아니라 지도 그리기를 통해서만 알 수 있다. 베이트슨은 이를 '마음의 생태학'으로 표현하여 펠릭스 가타리의 정신생태학 개념에 영향을 주었다.

음의 영역과 더불어 사회 영역 및 자연 영역을 생태학으로 재구성하면서 삼원 다이어그램으로 중첩시킨다. 차이를 생산하는 생태주의란 무엇인지 고민해 보기 위해, 여기서는 그가 어떤 구도 안에서 생태주의 사상의 지도를 그리고 있는지 주목해 볼 필요가 있다.

3 삼원 다이어그램의 미적 전유

펠릭스 가타리가 자연보호를 주장하는 '우파 생태주의'와 사회 변혁을 주장하는 '좌파 생태주의' 모두에게 정치적으로 지지를 받은 점은 그가 그려낸 정신생태학, 사회생태학, 자연생태학의 삼원 다이어그램에서도 잘 드러난다. '환경', '사회적 관계', '인간의 주체성'이라는 삼원 구도를 생태주의 지도로 그려 본다면 다음과 같다. 먼저 정신생태학이 생태 영성과 전체론, 생명권 등을 주장하는 근본생태주의에 연결되고, 사회생태학이 적녹연정, 과학기술의 재전유, 사회 변혁을 주장하는 사회생태주의에 연결된다면, 자연생태학은 제도 생산, 지속가능성, 거대 계획과 거대 프로그램을 주장하는 환경관리주의와 연결된다.

여기서 쟁점은 과학기술을 적정 수준에서 제어할 것인가, 아니면 무한히 발전시킬 것인가에 대한 태도의 문제뿐 아니라, 정신생태학이 지니는 관념론적 성격과 사회생태학이 지니는 유물론적 성격이라는 차이 문제가 있다. 전자가 전체의 연결망을 응시하는 마음을 강조하는 전체론에 기반한다면, 후자는 물질, 유전자, 구성 성분의 연결망을 분석하는 에코시스템을 근간으로 두기 때문이다. 또한 여기에는 인간이 살아남기 위해서 환경을 지켜야 할 것인가, 아니면 생명과의 공존을 위해 환경을 지킬 것인가의 두 차원의 편차는 물론, 의미의 곁, 가장자리와 주변부의 '실존'에 주목하면서 개인적인 실천과 의지를 강조하느냐, 아니면 의미화의 핵심인 '본질'에 주목하면서 제도나 정책 프로그램으로 문제를 해결하느냐 하는 차이가 있다.

그렇기 때문에 우리는 이렇게 세 가지 생태학에 따라 '세 가지 모델'을 만드는 것을 넘어서 메타모델화(metamodelisation)에 주목해야 할 것이다. 즉 주체성, 사회, 자연의 세 가지 다이어그램은 횡단선을 그리는 지도 제작의 원리에 따라 한꺼번에 우리의 삶에 개입하고 내재한다. 그 사례로는 기후변화에 따른 무의식이 있을 수 있고, 마음의 특이점이 불가역적으로 영향을 준 사회적 관계가 있을 수 있고, 주체성 내의 욕망처럼 자연과 생명의 영역이 있을 수 있다.

여기서 특히 중요한 지점은 정신생태학이 주장하는 주체성 생산이다. 주체성은 비인칭 주체 혹은 관여하는 주체로서의 '우리 중 어느 누군가'이며, 책임 주체(subject)로서의 시민과 구분된다. 주체성은 공동체의 관계망과 배치(agencement)에서 온도, 밀도, 강렬함 등이 높아질 때 등장하는 '뜻과 지혜와 실천력을 가진 우리 중 어느 누군가'이다.

아동심리학자 다니엘 스턴은 0세에서 6개월까지 아동을 '출현적 자아(emergent self)'라고 규정한다. 이 시기 동안 아이는 어머니와 완전한 합일의 상태, 즉 '우주 되기'의 특이성을 보인다. 아이는 어머니의 손길, 눈빛, 몸짓과 하나 되어 있으며, 자아와 대상을 구분하지 않는 흐름(flux)의 사유를 지니고 있다는 점이 특징이다. 이러한 시기를 거친 모든 사람은 공동체를 구성할 수 있는 잠재성의 영역을 이미 갖고 있다고 해도 무방하다. 그런 점에서 인간의 무의식 깊은 곳에는 공동체라는 오래된 미래의 약속을 품고 있으며, 주체성이란 그러한 잠재성을 재발견하는 것이라고 할 수 있다.

이러한 주체성은 '주관'과 '객관', '자아'와 '대상'의 이분법을 넘어서 있는 양상이지만, 그 자체가 반드시 대안적인 주체성의 논의로 향하는 것은 아니다. 주체성은 '지배적이고 자본주의적인 주체성'으로 포획되어 '부드러운 억압'에 이용될 수도 있기 때문이다. 자본주의 역시도 주체성의 출현을 도모하고 포획하여 자신의 지배 질서의 자율성을 배가시키는 데 이용한다. 그럼에도 불구하고 주체성 생산의 전략은 펠릭스 가타리가 『세 가지 생태학』에서 언급하는 대안 운동들을 모아내는 핵심적인 전략이다. 감수성, 성애, 지각 작용 등의 세계를 재창조해내고, 지배적 잉여성으로부터의 탈주선(line of flight)을 개척하는 대안적인 주체성을 생산하는 것은 끊임없이 실천해 나갈 과제이기 때문이다.

4 '소수자 되기'라는 주체성 생산

우리 삶 속에서 대안적 주체성 생산은 예술, 창조, 생산, 미학, 윤리의 양상으로 표현될 것이다. 특히 그러한 탈주선의 구도는 '소수자 되기'의 흐름에 따라 그려진다. 그렇다면 소수자 되기는 어떤 방식으로 대안적인 주체성을 생산할 것인가? '되기(becoming)'는 스피노자의 능동적인 신적 속성으로서의 '사랑', 기쁨과 슬픔으로 자기 원인을 갖는 '정동', 베이트슨의 말처럼 '이성이 알지 못하는 이성'인 '신체 변용(affection)', "-이거나 혹은 -이거나"의 논리로 나타나는 '흐름(flux)', '별에서

(sire) '떨어져 나온(de)' 것으로 나타나는 '욕망(desire)' 등과 동의어를 이룬다. 들뢰즈와 가타리는 되기의 과정을 개코원숭이와 고양이의 사랑, 말벌과 난초의 사랑이라는 사례를 들면서 비평행적인 진화(non parallel evolution)라는 개념으로 설명한다.[2] 말하자면, 말벌과 난초의 모의 성교와 같이, 통일성이나 모방, 통합으로써 사랑하는 것이 아니라, 서로 무관한 것 사이에서 차이가 증폭되는 가운데서도 사랑하게 되는 것을 의미한다. 즉, 우리는 사랑할수록 풍부하고 다양해지는 것이다.

소수자 되기는 사랑의 운동이지만, 그것이 한국 역사에서 1980년대 운동권들의 현장 투신을 통해 드러난 것과 같은 노동자-임(being)나 '노동자성을 갖기'처럼 같아짐으로써 사랑하는 것이 아니다. 오히려 소수자 되기는 차이, 소용돌이, 클리나

---

2 질 들뢰즈·펠릭스 가타리, 김재인 옮김, 『천 개의 고원』(새물결, 2001), 25쪽, 여기서 비평행적 진화는 모방의 거울 반영이 아니라, 이질발생, 즉 이질적인 것이 만나 색다른 차이를 만들어내는 탈주선으로 묘사된다.

클리나멘   · 생태 개념어 쪽지 ·

클리나멘은 마르크스의 『데모크리토스와 에피쿠로스 자연철학의 차이』(그린비, 2001)에서 나오는 핵심 개념으로 원자들의 낙하 운동을 할 때 비스듬한 편위 운동을 함으로써 소용돌이가 생기고 카오스 상태에 빠지는 것을 의미한다. 미시 세계의 우발성, 사건성, 특이성을 설명할 때 클리나멘은 사용된다.

멘(clinamen)과 관련되어 있다. 즉, 다양성이 더 풍부하게 증대되는 것을 사랑하고, 딱히 그 결과와 목적이 있는 것이 아니라 과정적이고 진행형으로서의 되기만을 위해 사랑하는 것을 의미한다. 소수자 되기는 수렴되고 집중되는 사랑이 아니라, 미세한 차이를 드러내는 주름(le pli)이 많아지고 차이와 다양성의 향연이 벌어지는 사랑이다. 그런 점에서 우리는 달라지기 위해서 사랑하는지, 닮아가기 위해서 사랑하는지의 갈림길 속에 서 있다.

여기서 소수자는 양적 소수(minor)나 사회적 약자 혹은 피해자가 아니라, 공동체를 풍부하게 만들고 다양하게 만드는 특이점이다. 이 특이점을 통과하면 그 이전의 상태로 절대 돌아갈 수 없는 존재적 이행, 변이, 횡단이 일어나는데, 이는 '-임'이나 '-이기'가 아닌 '-되기'의 흐름을 의미하기 때문이다. 동물 되기, 아이 되기, 우주 되기, 지각 불가능하게 되기, 기계 되

주체성   · 생태 개념어 쪽지 ·

'책임 주체의 권리주의'와 '주체성의 자율주의'는 대조를 이룬다. 주체성을 일컫는 용어는 학자들마다 다양하게 나타난다. 한스 게오르크 가다머는 놀이에서의 간주관성(inter-subjectivity)이라는 말로 표현하고, 위르겐 하버마스는 의사소통에서의 간주관성 현상을 말하며, 들뢰즈는 잠재성으로서 주체성을 언급한다.

기 등의 흐름은 소수자라는 특이점을 관통하는 발생론적인 흐름을 의미한다. 소수자 되기를 통해서 공동체적 관계망과 배치에서 특이점을 통과한 사랑과 정동의 흐름에 몸을 실은 사람들이 돌연 출현한다. 엄청난 상냥함과 감미로운 정동의 흐름, 색다른 감각의 개방, 감수성의 해방 등이 밀려드는 것을 공동체에서 느낀 주체성이 홀연히 등장하는 것이다.

소수자 되기의 사랑, 욕망, 정동의 흐름은, 감정의 소모나 에너지의 고갈, 소진된 인간의 형태가 아니라, "사랑할수록 사랑이 증폭되는 정동"의 작동에 따라 무한대의 생명 에너지와 활력을 만들어내는 원천이다. 이처럼 사랑과 욕망, 정동의 흐름을 해방시켰을 때 우리는 이제까지 한 번도 식별하거나 지각한 적이 없는, '반기억 생성'의 주체성을 생산해 낸다.

반기억 생성, 그것은 장기 기억의 역사로 포획되지 않고 단기 기억으로서 사랑의 미시사를 그려낸다. 그런 점에서 우리는 지각 불가능하게 되기, 즉 '투명인간 되기'라고 할 수 있는 사랑의 궁극을 향하여 보이지 않는 정동과 사랑을 남기고 홀연히 떠나가는 유한한 존재들이다. 그러나 '보이지 않는 것의 윤리와 미학'은 우리가 유한성, 한계, 폐지, 끝을 응시하는 것이 도리어 생태적 다양성에 하나의 경우의 수를 남기기 위한 실천적인 과제를 떠맡고 있음을 알려준다. 그런 점에서 주체성 생산의 전략은 소풍과도 같은 삶의 여정에서 유한한 실존이 풀어야 할 사랑의 숙제다.

5 소수자 되기와 역행적 미래

그렇다면 이러한 주체성 생산의 시간의 윤곽선은 어떤 그림의 구도로 나타날까? 그저 과거, 현재, 미래의 선형적인 시간에 따라 그려질 것인가? 주체성은 정체성(identity)으로 식별되어 고정될 수 있는 책임 주체가 아니라, 오로지 배치, 흐름, 과정, 연결접속, 강렬도, 반복 등의 특이성으로만 나타난다. 소수자 되기를 통해 특이성이 생산될 때 생태적 다양성에서 경우의 수 하나가 설립된다. 후대의 사람들, 즉 미래 세대가 선택할 수 있는 경우의 수는 현 세대의 특이성 생산에 달려 있다. 이렇듯 특이성 생산은 미래 구성력을 가지지만, 진보(progress)의 선형적 시간관이 아니라 아이, 동물, 광인 등으로 향하는 반문명적, 반문화적인 역행(involution)의 시간관을 따른다.

아이 되기는 명나라 철학자 이탁오의 동심설(童心設)처럼 아이가 되기 위해서 공부하는 색다른 공부법을 만들어낸다. 동시에 아이는 자아와 타자를 구분하지 못하는 시간의 윤곽선 위로, 흐름의 강렬도 위로, 부분 대상의 반복 위로 지도를 그려내는 능력을 갖고 있다. 동시에 아이는 놀이라는 어지러움을 통해 고정관념을 넘나들고, 세상을 대답이 아닌 문제제기와 호기심, 물음표를 통해 들여다볼 능력을 갖고 있다. 아이 되기라는 역행적인 시간이 창조, 생산, 예술이 풍부해지고 다양해지는 주체성 생산의 시간임을 여실히 보여준다.

동물 되기라는 동물로의 역행은 언어가 음악이 되는 분자 되기를 향하고 있고, 무리짓기를 통해서 강건해지고, 소통보다 전염을 추구하는 상호작용을 하고, 범위 한정 기술에 따라 영토를 만드는 등 창조와 생산의 잠재성이 접속한다는 것을 의미한다. 동물은 문명의 외부이며, 야생성과 자율성의 원천이 되는 존재이다. 동물 되기는 바로 자동화되고 기능화된 문명에 맞서서 야생성과 자율성을 갖기 위한 역행을 의미한다.

광인 되기는 '모두가 미쳤다'라고 보는 관점으로부터 한 발 더 나아가 '미치지 않고서는 미치지 못한다'[3]라는 불광불급(不狂不及)의 원리로 나아간다. 우리는 베이트슨의 이중구속과 같이 협착되어 미치는 것으로부터 벗어나기 위해서 과학, 혁명, 예

---

3 불광불급(不狂不及)은 어떤 일을 할 때 미친 듯이 그 일을 해야 겨우 목표에 도달할 수 있다는 의미를 가진 고사성어이다. 이에 대해서는 정민, 『미쳐야 미친다』(푸른역사, 2004)를 참조하라.

술 등에 미치는 생성적 미침으로 나아갔을 때, 광인 되기를 통한 치유의 가설도 가능하다. 결국 광인 되기는 가타리의 말처럼 "미친 사람보다 더 미쳐야 한다"는 것을 깨닫게 해준다.

역행은 "-은 -이다"라는 대답 이전에 아이들의 호기심 어린 문제제기가 선행한다는 점을 의미한다. 동시에 기표(signifiant) 이전에 동물들의 냄새, 색채, 음향, 몸짓, 표정 등의 비기표적(a-signifiant) 기호계와 리토르넬로가 있었음을 의미한다. 역행의 시간은 과거로의 퇴행이 아니라, 문명에 대한 탈주선을 따라 이행하고 횡단하는 흐름이다. 이렇듯 소수자 되기는 역행적 미래, 오래된 미래, 잠재된 미래와의 접속과 변용, 구성을 의미한다는 점에서 도리어 미래 진행형적 삶의 구도를 개방한다.

이중구속   · 생태 개념어 쪽지 ·

이중구속은 두 개의 모순된 발신음이 동시에 수신될 때 이러지도 못하고 저러지도 못해 쩔쩔매는 협착된 상황을 의미한다. 이를테면 아버지들이 "나를 넘어서라, 나처럼 되지 말라"며 말하지만 뒤로는 은근히 자신을 존경해 주기를 바라는 마음을 가지는 상황 혹은 '제발 나처럼 되거라' '나만큼만 해라'를 기대하는 상황이 그것이다. 둘 중 어떤 선택지도 올바른 선택이 될 수 없으며, 심지어 두 모순되는 선택들 중 하나를 반드시 택하라고 요구되는 이중구속의 상황에서 아이들은 어떤 선택을 할 수 없고 쩔쩔매는 처지에 이르게 된다.

6 시간의 윤곽선을 그리는 미래의 돌

다시 갈라 포라스-김의 예술 작품으로 돌아가 보자. 그의 〈미래의 돌을 위해/유물을 비추다〉 작업은 멕시코 남부 파팔로아판 강에서 발견된 유물 네 점을 가져와 그 당시의 시점으로 복원하는 창조적인 역행의 과정을 실험하고 있다. 그가 그린 시간의 윤곽선은 그 자신이 과거, 현재, 미래를 선형적인 것이나 순환적인 것이 아니라, 어떤 재창조와 창안이 가능한 특이점 중 하나로서만 인식하고 있다는 점을 분명히 보여주고 있다.

갈라 포라스-김의 작업에 따라 과거의 유물은 미래의 돌이 된다. 오래된 과거, 잠재된 과거는 미래적인 과거로 시간의 특이점들은 경우의 수 중 하나가 된다. 우리가 상상할 수 있는 것은 발터 벤야민의 오래된 미래와 니클라스 루만의 지금-여기, 레스터 브라운의 지속가능한 미래 등과 같은 생태 운동의 시간 개념들 모두가 각각 특이점이 되어 배치될 가능성이다. 우리가 꿈속에서 마주치는 무의식에는 역사도 없고, 시간도 없고, 장소도 없지만, 사실은 특이점으로 재창안될 수 있는 무의식의 재료들로 가득하다.

그런데 과거의 유물을 미래의 돌로 만드는 갈라 포라스-김의 예술 작업을 잘 살펴보면, 과거-현재-미래를 횡단하는 시간의 윤곽선을 그려나가는 것 자체가 바로『세 가지 생태학』의 기획의 구도를 보여주는 측면이 있다. 즉,『세 가지 생태학』은 미래의 시간, 미래 진행형적 시간, 즉 주체성 생산이 이루어질 시간을 겨냥한 책이다. 바로 특이점 설립, 주체성 생산으로서의 시간의 윤곽선은 역행과 순행, 횡단, 되기 등을 통해, 미래의 시간을 무심결에 다가오는 것이 아니라 재창조 가능하고 재창안 가능한 것으로 본다.

과거와 현재와 미래의 모든 시간의 특이점의 총동원은, 문명의 쪼그라들고 있음을 보여주는 의고주의와 파시즘, 난민과 인종 청소의 부활, 기후변화와 생명위기의 상황에도 불구하고, 마음생태, 자연생태, 사회생태가 갖고 있는 생태적 다양성의 경우의 수를 만들어내려는 실존의 일관된 방향을 그려내는 방법일 수 있다. 그런 점에서 우리는 각기 다른 시간대에 살고 있는 사람들과 매일 만나고 있고, 시간의 혼재면(plan of consistence)을 그리고 있다. 갈라 포라스-김의 실험은 우리에게 어떤 힌트를 준다. 펠릭스 가타리가『세 가지 생태학』에서 말한 것과 같이 우리가 살고 있는 시간을 미래의 선물, 미래의 돌, 미래의 지질 표본과 같이 탐색하고 실험하고 재창조하여 이를 통해 미래라는 시간의 특이점을 설립하는 것을 말이다. 즉 우리는 붕괴와 종말의 미래로 시시각각 다가서는 것이 아니라, 다른 미래를 살 수 있다. 바로 주체성 생산의 시간의 특이점을 설립함으로써 말이다.

펠릭스 가타리의 "우리는 연대할수록 달라져야 한다"는 슬로건은 공공성(the public)과 공통성(the common)의 신화를 둘 다 해체한다. 이는 우리가 더 미세하게 달라지고, 횡단하고 이행하는 색다른 미적 작업과 예술적 전유에 나서기를 요구한다. 우리는 더 풍부한 이야기 구조를 개발해야 한다. 삶의 향기, 색채, 음향, 몸짓, 맛 등이 갖고 있는 도표(diagram)적인 작동을 더 고도로 조직하는 것이 우리 자신의 이야기 구조를 발명하는 길이다. 그것은 또한 모두가 서로 달라져가는 예술적·미학적이고도 윤리적인 실천의 과정적 탈주선을 그려내는 일이다.

참고문헌

1장 자연주의는 생태주의가 아니다

고승민, 「작별인사하려는 구럼비에게 희망의 손길을」, 《황해문화》 75, 2012, 211-229쪽.

그레이엄 하먼, 주대중 옮김, 『쿼드러플 오브젝트』, 현실문화, 2019.

낸시 프레이저·악셀 호네트, 김원식·문성훈 옮김, 『분배냐, 인정이 냐?』, 사월의책, 2014.

도나 J. 해러웨이, 황희선 옮김, 『해러웨이 선언문』, 책세상, 2019.

도나 J. 해러웨이, 황희선·임옥희 옮김, 『영장류, 사이보그 그리고 여 자』, arte, 2023.

디르크 슈테펜스·프리츠 하베쿠스, 전대호 옮김, 『인간의 종말: 여섯 번째 대멸종과 인류세의 위기』, 해리북스, 2021.

미셸 푸코, 오생근 옮김, 『성의 역사 4: 육체의 고백』, 나남출판, 2019.

베티 프리단, 김현우 옮김, 『여성성의 신화』, 갈라파고스, 2018.

브뤼노 라투르, 홍철기 옮김, 『우리는 결코 근대인이었던 적이 없다:

　　대칭적 인류학을 위하여』, 갈무리, 2009.

브루노 라투르 외, 홍성욱 엮음, 『인간·사물·동맹』, 이음, 2010.

샹탈 무페·에르네스토 라클라우, 이승원 옮김, 『헤게모니와 사회주의 전략』, 후마니타스, 2012.

실비아 페데리치, 한성원·김민철 옮김, 『캘리번과 마녀: 여성, 신체 그리고 시초축적』, 갈무리, 2011.

에두아르두 비베이루스 지 카스트루, 박이대승·박수경 옮김, 『식인의 형이상학』, 후마니타스, 2018.

이강원, 「테크노애니미즘: 일본 기술과학 실천 속 사물의 생기」,《일본학보》125, 2020, 71-91쪽.

주디스 버틀러 외, 박대진·박미선 옮김, 『우연성, 헤게모니, 보편성』, 도서출판b, 2009.

칼 마르크스, 김수행 옮김, 『자본론 I (상)』, 비봉출판사, 1995.

캐롤린 머천트, 전규찬·전우경·이윤숙 옮김, 『자연의 죽음』, 미토, 2005.

티머시 모턴, 김용규 옮김, 『인류: 비인간적 존재들과의 연대』, 부산대학교출판문화원, 2021.

티머시 모턴, 김태한 옮김, 『생태적 삶』, 앨피, 2023.

폴 B. 프레시아도, 이승준·정유진 옮김, 『대항성 선언』, 포이에시스, 2022.

프랜시스 베이컨, 진석용 옮김, 『신기관』, 한길사, 2016.

홍윤기, 「우리 사회와 국가는 천성산과 뜻 통하기에 성공했는가: 하버마스 논변이론으로부터 보편화 가능성 요인의 추출과 자연의 권리 이론 및 당사자 적격론에 입각한 생태적 의사소통 형태의 개발 가능성」,《사회와 철학》10(10), 2005, 329-362쪽.

Francis Bacon, "De Dignitate et Augmentis Scientiarum", *Works*, 14
vols., ed. James Spedding, Robert Leslie Ellis, London: Longmans
Green, 1870.

2장 근본파와 현실파의 논쟁

그레고리 베이트슨, 박대식 옮김, 『마음의 생태학』, 책세상, 2006.

김은경, 「녹색 운동의 정치 실험: 프랑스 사례를 중심으로」,《EU연
구》35, 2013, 49-74쪽.

김정로·전종덕, 『독일 녹색당/좌파당 강령집』, 백산서당, 2018.

김현경, 「녹색당은 우리의 대안인가?―프랑스 환경운동의 역사와 현
황」,《학회평론》10, http://energyjustice.kr/zbxe/?module=file&act
=procFileDownload&file_srl=27085&sid=a2f0eca0c503b3425f88b
9fd2e4e3afd(2023년 12월 25일).

녹색당, 「녹색당 강령」, 2012, https://www.kgreens.org/platform.

머레이 북친, 문순홍 옮김, 『사회 생태론의 철학』, 솔출판사, 1997.

사이토 고헤이, 김영현 옮김, 『지속 불가능 자본주의』, 다다서재,
2021.

송태수, 「유럽 녹색정치의 발전과정: 독일-프랑스 사례 비교를 중심
으로」,《문화과학》56, 2008, 164-194쪽.

송태수 외, 대화문화아카데미 바람과 물 연구소 기획, 『녹색당과 녹
색정치』, 아르케, 2013.

신승철, 『녹색은 적색의 미래다』, 알렙, 2013.

신승철, 『떡갈나무 혁명을 꿈꾸다』, 한살림, 2022.

앤드루 돕슨, 정용화 옮김, 『녹색정치사상』, 민음사, 1998.

유발 하라리, 조현욱 옮김, 『사피엔스』, 김영사, 2023.

유진숙, 「독일 녹색당 조직 개혁과 민주주의 담론: 직접민주주의와 대의민주주의간의 긴장」, 《21세기 정치학회보》 22(2), 2012, 129-152쪽.

이종관, 『포스트휴먼이 온다』, 사월의책, 2017.

제이슨 W. 무어, 김효진 옮김, 『생명의 그물 속 자본주의』, 갈무리, 2020.

존 S. 드라이젝, 정승진 옮김, 『지구환경정치학 담론』, 에코리브르, 2005.

펠릭스 가타리, 윤수종 옮김, 『세 가지 생태학』, 동문선, 2003.

펠릭스 가타리, 윤수종 옮김, 『카오스모제』, 동문선, 2003.

Arne Næss, "The shallow and the deep, long-range ecology movement: a summary", *Inquiry: An Interdisciplinary Journal of Philosophy*, 16 (1-4), 1973, pp. 95-100.

Martin W. Lewis, *Green Delusions: An Environmentalist Critique of Radical Environmentalism*, Duke University Press, 1992.

Philip Lowe and Jane Goyder, *Environmental Groups in Politics*, HarperCollins Publishers Ltd, 1983.

Robyn Eckersley, *Environmentalism and Political Theory: Toward an Ecocentric Approach*, State University of New York Press, 1992.

3장 근본파와 현실파를 넘어서는
펠릭스 가타리의 윤리-미학적 패러다임

김미진, 「공유와 고유감각의 확장에 대한 큐레이팅 고찰—58회 베니스 비엔날레의 리투아니아관과 프랑스관」, 《예술과 미디어》 19(2), 2020, 37-56쪽.

브라이언 마수미, 조성훈 옮김, 『가상계』, 갈무리, 2011.

송혜영, 『요제프 보이스—우리가 혁명이다』, 사회평론, 2015.

윤수종, 『욕망과 혁명: 펠릭스 가타리의 혁명사상과 실천활동』, 서강대학교출판부, 2009

질 들뢰즈, 박기순 옮김, 『스피노자의 철학』, 민음사, 2001.

질 들뢰즈, 이정임·윤정임 옮김, 『철학이란 무엇인가』, 현대미학사, 1995.

질 들뢰즈·펠릭스 가타리, 김재인 옮김, 『천 개의 고원』, 새물결, 2001.

질 들뢰즈 외, 자율평론 기획, 서창현·김상운·자율평론번역모임 옮김, 『비물질노동과 다중』, 갈무리, 2005.

펠릭스 가타리, 윤수종 옮김, 『세 가지 생태학』, 동문선, 2003.

펠릭스 가타리, 윤수종 옮김, 『카오스모제』, 동문선, 2003.

펠릭스 가타리, 윤수종 편역, 『욕망과 혁명』, 문화과학사, 2004.

Brian Massumi, *Parables for the Virtual*, Durham, NC and London: Duke University Press, 2002.

Félix Guattari, *Chaosmose*, Galilée, 1992.

Félix Guattari, *Les Trois Écologies*, Galilée, 1989.

Joseph Beuys, Theo Altenberg and Oswald Oberhuber(eds.),

Gespräche mit Beuys: Wien am Friedrichshof, Ritter Verlag, 1998.

4장 근본파/현실파 논쟁에서 가타리의 세 가지 생태학의 의미

그레고리 베이트슨, 박대식 옮김, 『마음의 생태학』, 책세상, 2006.

레이첼 카슨, 김은령 옮김, 『침묵의 봄』, 에코리브르, 2011.

로빈 맥케이·아르멘 아바네시안 엮음, 김효진 옮김, 『#가속하라』, 갈무리, 2023.

마르셀 모스, 이상률 옮김, 『증여론』, 한길사, 2002.

머레이 북친, 문순홍 옮김, 『사회 생태론의 철학』, 솔출판사, 1997.

머레이 북친, 박홍규 옮김, 『사회생태주의란 무엇인가』, 민음사, 1998.

머레이 북친, 서유석 옮김, 『머레이 북친의 사회적 생태론과 코뮌주의』, 메이데이, 2012.

사이토 고헤이, 김영현 옮김, 『지속 불가능 자본주의』, 다다서재, 2021.

신승철·이승준, 『기후위기 시대의 협치』, 알렙, 2024(근간).

실비아 페데리치, 한성원·김민철 옮김, 『캘리번과 마녀: 여성, 신체 그리고 시초축적』, 갈무리, 2011.

조애나 메이시, 이은주 옮김, 유정길 감수, 『생명으로 돌아가기』, 모과나무, 2020.

카를 마르크스, 김성한 옮김, 「베라 자술리치에게 보낸 편지 및 초안」, 『맑스·엥겔스의 농업론』, 아침, 1990, 242-267쪽.

펠릭스 가타리, 윤수종 옮김, 『세 가지 생태학』, 동문선, 2003.

펠릭스 가타리, 윤수종 옮김, 『카오스모제』, 동문선, 2003.

표트르 크로포트킨, 김영범 옮김, 『만물은 서로 돕는다』, 르네상스, 2005.

표트르 크로포트킨, 김유곤 옮김, 『크로포트킨 자서전』, 우물이있는 집, 2014.

프리초프 카프라, 김용정·김동광 옮김, 『생명의 그물』, 범양사, 1999.

피터 라인보우, 정남영 옮김, 『마그나카르타 선언』, 갈무리, 2012.

5장 펠릭스 가타리의 『세 가지 생태학』의 미적 재전유

그레고리 베이트슨, 박대식 옮김, 『마음의 생태학』, 책세상, 2006.

정민, 『미쳐야 미친다』, 푸른역사, 2004.

질 들뢰즈·펠릭스 가타리, 김재인 옮김, 『천 개의 고원』, 새물결, 2001.

카를 마르크스, 고병권 옮김, 『데모크리토스와 에피쿠로스 자연철학 의 차이』, 그린비, 2001.

근본파와 현실파를 넘어 떡갈나무 혁명으로

홍승하[1]

이 책은 신승철이 생태적지혜연구소협동조합 조합원들과 함께 공저로 남긴 유작이다.

2023년 7월 2일, 갑작스러운 그의 부고 문자를 받고 믿기 어려운 상황에 슬픔과 허망함으로 보낸 시간이 벌써 해를 넘겼다. 깊은 상실의 시간 동안 나는 그간 전혀 알지 못했던 많은 사람들(신승철의 연결망 속에 있는)을 만날 수 있었고 그가 모색해 왔던 무수한 일들을 보물찾기하듯 알아내며 그의 부재를 실감

---

[1] 1980년대 학생 운동, 1990년대 구로공단에서 노동 운동을 했다. 2000년 창당부터 민주노동당이 분당될 때까지 민주노동당에서 일했다. 민주노동당에서 지구당위원장, 대변인, 최고위원도 하고 국회의원 출마도 했지만, 진보 정당 운동의 분열 이후 돌아갈 길을 찾지 못했다. 영등포에서 태어나 지금까지 살고 있고 영등포산업선교회 내에 있는 다람쥐회에서 활동하는 대안경제공부모임을 하며 신승철을 만났다.

할 수 있었다. 가슴앓이하듯 그가 하던 일을 마무리하는 것 중의 하나가 이 책을 완성하고 출간하는 일이었다. 이 책의 에필로그를 어느 누구도 선뜻 쓰지 못하고 있다는 이야기를 들었을 때, '내가 그의 책 마지막 한 줄에 문장 하나 보태는 게 무슨 의미가 있을까'라는 회의도 있었지만, 한편 그가 하고픈 한마디는 무엇이었을까 상상하며 그를 추억하고 그의 말을 대신하는 길이 무엇인지 알고 싶어졌다.

그가 에필로그를 썼다면 어떤 제목과 내용으로 마지막 메시지를 남기고 싶어했을까? 녹색 운동의 두 가지 키워드인 근본파와 현실파 논쟁을 되새기며 그가 나아가고자 하는 방향과 대안은 무엇이었을까?

기후위기의 심각성을 많은 사람들이 우려하고 있는 만큼 생태주의를 이해하는 흐름들은 제각각이며, 각각의 논의가 진행되는 과정에서 근본적 원칙과 현실의 불일치는 크게 나타났다. 그렇기에 사회 현상을 설명해 내고 실천으로 나아가지 못하는 한계를 가질 수밖에 없었다. 지나친 근본주의의 흐름은 인간을 배제해 버리는 에코파시즘으로까지 변이되는 등 우려할 수준의 극단에 놓이기도 했다. 현실파적 적용에서는 운동의 주요 흐름 주변부로 흩어지거나 뒷전으로 밀려버리기도 했다. 이러한 상황 속에서 신승철은 누구보다 생태주의 흐름에 대해

많은 고민을 했을 것이다. 독일 녹색당이 사회민주당과의 연립 정부를 구성해 소규모 정당이 거대 정당과 연정을 하게 되었을 때, 그들의 순수성이 손상되고 이념 또한 파괴될 것이라 반대했던 근본파 그리고 사회민주당과의 연립을 지지했던 현실파의 대립은 생태주의에 대한 다양한 논의와 흐름으로 이어졌다.

이 책은 생태주의의 주요 논의를 살펴봄으로써 생태주의를 올바로 이해하고 생태 운동의 대안과 방향을 잡기 위해 쓰였다. 2장 「근본파와 현실파의 논쟁」에서 생태주의의 다양한 스펙트럼에 대해 신승철은 다음과 같이 정리해 두었다.

> 가령 앤드루 돕슨은 생태주의를 세 가지 관점, 즉 보수적 자연주의, 개혁적 환경주의, 근본적 생태주의로 구분하기도 하며, 옅은 녹색과 짙은 녹색으로 구분하기도 한다. 로빈 에커슬리는 인간중심적 생태주의, 생태중심적 생태주의로, 마틴 루이스는 온건주의자와 급진주의자로 구분하며, 아르네 네스는 심층생태주의와 얕은 생태주의로, 머레이 북친은 환경주의와 사회생태주의로 구분한다.

이 대목을 읽으며 신승철이 어느 지점에서는 사회생태주의

자였고, 또한 다른 맥락에서는 근본주의적 생태주의자이면서
도 근본파의 한계를 우려하는 사람이었으며, 또한 어떤 면에서
는 현실파가 가진 현실에서 실현할 생태민주주의를 고민하는
사람이었다는 것을 떠올렸다. 그렇기에 그는 어느 한 관점에
머물지 않으면서 세 관점 사이 어딘가에서 그 각각의 관점들
을 횡단하며 서로 연결할 수 있는 존재로서 자신의 위상을 고
민했던 것으로 보인다. 그 과정을 그는 이렇게 표현했다.

> 그런 점에서 근본과 현실 사이에 과정형적이고 진행형적인
> 녹색 정치의 영역을 생각할 필요가 있다. 이는 거시적인 거대
> 계획, 거대 프로그램과 미시적인 생활 정치, 미시 정치를 투
> 트랙으로 하면서, 동시에 현실 제도와 관계망 사이, 공동체와
> 생태 시민 사이, 점진주의/현실주의와 근본적 원칙주의 사이
> 를 과정형적이고 진행형적으로 연결하는 이음새의 설립이 굉
> 장히 중요하다. 다시 말해 근본파와 현실파가 서로 이념적으
> 로 완결되어 있다는 전제에서 출발하는 것이 아니라, 늘 배치
> 의 재배치 과정 속에 놓여 있기 때문에 진행형이라는 것에 주
> 목해야 할 것이다.

기후위기의 심각성은 근본파와 현실파라는 논의에서 다양

한 흐름이 형성되게 만들었다. 그것이 임박한 위기파, 모두의 책임파, 기후정의파, 체제 전환파, 혹은 다른 무엇이든 이들은 기후위기에 대한 대응에 함께하고 있다. 이러한 맥락에서 이 책은 생태 운동에서 각 세력이 서로 논쟁하며 보완하고 재배치를 이루어 나가는 과정에서 여전히 가타리의 '여러 생태학들을 접합하고 연결하는 관점'이 유효하다고 주장한다.

근본파도, 현실파도 아닌 관점에서 가타리는 생태주의를 세 가지 차원으로 분류한다. 1) 마음생태와 근본생태주의. 2) 사회생태와 사회생태주의 3) 자연생태와 환경관리주의. 그는 이를 '세 가지 생태학'이라고 부르며 어느 한쪽을 지지하기보다 이것들이 서로 맞물리는 것이 중요하다고 주장한다. 세 가지 생태학은 각기 다른 특징을 가진 실천으로서 서로 구별되지만 동시에 하나의 공통적인 윤리-미학적인 영역에 속하는 것으로 받아들여져야 한다.

가타리는 윤리-미학적 패러다임으로 현재 지구가 겪고 있는 위기를 타개하자고 주장한다. 우리는 각자의 행동 능력을 제고하기 위해 예술의 창조적 방식으로 주체성을 생산해 가며 세계를 전환해 나가야 한다.

이 책에서 주요하게 다루고 있는 세 가지 생태학, 생태 이론은 신승철이 자신의 과업으로서 남긴 '생태대안대학(준)'에서 커리큘럼의 구도 중 하나로 제시되고 있다. 그는 영등포 문래동에 철학공방 '별난'을 열고, 영등포 지역과 전국의 다양한 사람들을 연결하고, 생태적지혜연구소를 만들어 함께 공부하고 글 쓰고 책을 내고, 녹색당의 정책 및 시민사회 단체의 전망을 모색하면서 생태민주주의의 길로 나아가고자 했다. 그의 협업과 돌봄의 여러 형태들에 가타리의 '세 가지 생태학'은 언제나 시작이고 과정이고 결론이었던 것 같다.

그의 흔적이 강하게 확인되는 한국 녹색당 강령 전문에서 "우리는 '녹색당'이라는 작은 씨앗입니다. 이 씨앗이 싹틔워 인류가 지구별의 뭇 생명들과 춤추고 노래하는 초록빛 세상을 만들려고 합니다. 우리는 작은 도토리 하나가 만드는 떡갈나무 혁명이며, 여러 무늬와 색깔을 가진 자유로운 사람들의 연합입니다"라고 언급되는 것처럼, 신승철은 생태주의의 작은 씨앗으로, 혹은 척박한 숲속 땅 밑 어딘가에 스며든 작은 도토리처럼, 혹은 그 도토리를 열심히 모아두고 춤추고 노래하며 망각의 시간을 보낸 다람쥐처럼 우리에게 왔다가 홀연히 떠났다.

여성주의자이자 철학 연구자인 정유진과 미학을 연구하는 최소연, 생태 철학자 신승철은 이 책을 통해 이야기를 함께 풀어내는 과정에서 때로는 생태근본주의자로, 때로는 기후정의파로, 때로는 사회생태주의자로, 또 때로는 근본파와 현실파를 오가며 구성적 자연과 생태를 직시하고 모든 사람과 생명과 사물과 자연이 어우러져 함께 공존하며 살아가는 대안 사회를 꿈꾸고자 했다. 나 역시 숲속 어디쯤에서 작은 도토리처럼 새로운 세상을 싹틔우고 숲을 이룰 꿈을 꾸어본다.

고(故) 신승철을 기억하며

최소연

2022년 2월 신승철의 제안으로 글을 쓰기 시작한 뒤로 책을 펴내기까지 2년이 흘렀다. 완성된 책을 함께 받아보지 못한 채, 신승철은 영면에 들었다. 그가 세상에 없다는 사실은 아직도 쉽사리 받아들여지지 않는다. 사실 이 책을 쓰는 과정에서 우리가 이론적으로 빚지고 있는 것은 펠릭스 가타리나 여타 서양의 이론가들만이 아니다. 우리에게 생태 철학은 늘 '신 쌤'을 경유하여 와 닿았다. 그는 가타리의 철학에 사랑과 돌봄을 더해 더 따뜻하고 더욱 긍정의 기운으로 가득 찬 생기 있는 생태 철학을 주창했다. 그러므로 직접적으로 언급되지 않은 것일 뿐, 이 책 전반에는 '신승철 철학'의 흔적이 짙게 나타난다.

신승철은 자신의 생태 철학을 기반으로 생태적지혜연구소

협동조합(ecosophialab.com)을 설립했는데, 이곳에 자유롭고 느슨하게 묶인 사람들은 서로가 만들어내는 풍부한 다양성을 공유하며 여러 배치를 만들어내고는 한다. 그 자체로 근본파와 현실파를 넘어서는 모습을 드러낼 때가 많았다.

그가 얼마나 자신이 주창한 철학과 실천을 일치시킨 삶을 살아왔는지, 그의 장례식에서 또 한번 목격할 수 있었다. 접점이 있을까 싶을 정도로 각양각색의 삶을 살아가는 사람들이 한자리에 모여 슬퍼했지만, 삼삼오오 둘러앉아 나눈 '신 쌤'과의 기억은 묘하게 일치하는 부분이 있었다. "그가 나를 변하게 했다", "그와 만난 뒤로 나의 삶이 변했다" 등의 경험담들은 흡사 종교적인 체험처럼 들리기도 할 정도였는데, 그가 어떤 종교 지도자의 방식으로 우리에게 자신의 철학을 설파했던 것은 결코 아니었다. 단지 그는 늘 너그러운 미소를 띤 채 다정한 목소리로 "○○ 씨 이 일이랑 정말 잘 맞을 것 같은데", "○○ 님이라면 정말 잘 해내실 것 같아요"라는 식의 능청을 떨 뿐이었다. 그러나 그러한 교류 속에서 만들어낸 배치는 여러 사람들의 삶 속에서 큰 영향을 미쳤고, 그와의 마주침 이후 많은 사람들은 자신의 삶이 생태주의적으로 개편되는 경험을 겪었다.

그 순간, '신 쌤'의 삶과 실천을 돌아보며 가타리가 주장하는 배치와 긍정-정동, 윤리-미학적 패러다임 등의 개념을 머리가 아닌 가슴으로 이해할 수 있었다. 그는 긍정-정동을 촉발하는 마주침이 얼마나 큰 활력을 불어넣어 주는지에 대해 매 순간 우리가 스스로 자각할 수 있도록, 우리 안에 내재된 힘을 일깨워주었다. 그와의 마주침이 도달하게 하는 새로운 세상은 나를, 우리를 변화하게 만들었다.

이제는 텍스트로 남은 그의 철학이 이번 책을 통해 얼마나 전달될 수 있을지 모르겠지만, 조금이나마 보탤 수 있기를 바란다. 그리고 이 책을 비롯하여 신승철 철학이 주는 따뜻함과 활력이 많은 독자들에게 닿을 수 있기를 진심으로 염원한다.

끝으로 어딘가에서 이 책이 나왔음을 지켜보며 파안대소하고 있지는 않을까 상상해 보면서, 살아갈 힘을 나눠주고 글을 쓸 수 있는 기회를 주었던 신승철에게 무한한 사랑과 고마움을 보낸다.

그린풋 03
생태민주주의 시리즈

근본파와 현실파 넘어서기

1판 1쇄 발행 2024년 2월 5일

지은이 신승철·정유진·최소연

디자인 김서이
펴낸이 조영남
펴낸곳 알렙

출판등록 2009년 11월 19일 제313-2010-132호
주소 경기도 고양시 일산서구 중앙로 1455 대우시티프라자 715호
전자우편 alephbook@naver.com
전화 031-913-2018   **팩스** 02-913-2019

ISBN 979-11-89333-74-4 93300

이 저서는 2022년 대한민국 교육부와 한국연구재단의 지원을 받아 수행된 연구임
(NRF-2022S1A5A2A03055235).